COMO CRIAR A UN NIÑO

POR: JULIA BULLARD

Ordene este libro en linea en www.trafford.com
O por correo electrónico ordenes @ Trafford.com

La mayoria de titulos de Trafford tambien estan
Disponible en alcalde en linea detallista de libro

Impreso en los Estados Unidos de America

ISBN: 978-1-4669-1992-1 (sc)
ISBN: 978-1-4669-1994-5 (hc)
ISBN: 978-1-4669-1993-8 (e)

Library of Congress Control Number: 2012904247

Trafford rev. 03/09/2012

www.trafford.com

Norte America y Internacional
Numero gratuito: 1(888)232-4444 (EU y Canada)
Telefono: 250 383 6864 ♦ Fax: 812 355 4082

INTRODUCCIÓN

Yo ha realizado que yo ha sobrevivido mientras criando a mi hijo y ahora que el es un "adolescente" me gustaria compartir mi conocimiento paternal en como criar tu niño antes de convertirse en un adolescente.

Mi propósito por estar escribiendo este libro es que yo quiero poder compartir mi conocimiento paternal con todos los padres quien ciente que ellos no saben por donde empezar cuando ellos comienzan a ser padres. Por ser padres tu creara tu propio manual en como criar tu propio niño y esto es como tu empiezas.

CAPITULO 1
AL PRINCIPIO DE LA VIDA

Para formar una nueva vida, todo lo que se toma es para una o cuando el huevo y la esperma se encuentra en el embrión de la hembra, ellos se enlazan juntos. De eso, un nuevo ser humano sera formado. Ahora eso es donde la mujer a realizado que ella ha formado un ser humano. Asi que ahora es tiempo para aprender y saber como cuidar este nuevo ser humano que esta siendo formado adentro de su embrión por nueve meses.

Cuando un bebé es nacido, es conciderado que el embrión de la mujer, a quien el infantil le sale, ella es conciderada la madre biológica. Va hacer su responsabilidad a nutriciár y criar ese bebé cual se formo en su embrión. Esa madre vas a necesitar criar, disciplinar y enseñarle a ese niño lo que vas a necesitar saber para poder sobrevivir y vivir una vida feliz. Una mujer que es la madre del recien nacido tiene control adicional por como ella quiere su recien nacido ser criado mientras esta creciendo. Si la mujer nunca oyo su recien nacido llorar mientras estaba dentro su embrión, entonces ¿porqué permitirlo ahora? Nosotros sabemos que cuando un niño llora, es su unica manera de decir que quiere algo. Eso esta bien. Solo educas al bebé cuando es necesario y entonces continua tu dia. Como la madre necesita hacer un diario programa de todo los dias. Mas importante tiene que resistirse con ese programa diario y no nadamas de vez en cuando. El nene necesita realizar como va hacer tratado porque razones y a que momento. Creame, niñitos ya saben. Vas a tener que imponerse a su niñito cuando llora. Es bueno para ellos llorar asi ellos pueden sacarlo todo hasta que ellos realizan que llorando no le esta funcionando. Antes que usted lo sepa, su niñito dejara de llorar y sabe que usted no le dara ninguna atención cuando este llorando. Eso sera su realivio mas grande, se toma un tiempo para aprender como hacer algo que se le este enseñando. Nosotros no nadamas vamos a una esquina y ponemos mal gesto justamente . . .

Lo que es bueno y lo que es malo, porque los traimos a este mundo, quien es mamá y quien es papá, y como respetar y escuchar a mamá y a papá, y porque ellos necesitan ser criado a la manera cual mamá y papá los estan criando. Pero nosotros no nadamas les decimos a nuestro nene todo esto una vez. ¡Oh no! usted necesita acordarle a su bebé todos los dias de la vida de su bebé. Antes que usted lo sepa usted vera que su bebé sabra mas de lo que usted penso, su bebé iva a saber por una tal edad. Actualmente los dos padres necesitan llegar a un acuerdo en muchas cosas antes de jamas mencionarle a su bebé. No fuera justo para su bebé escuchar a mamá y papá ellos no estan en el mismo tema. Su bebé no le pidio que lo traiga a este mundo, y si es esto la clase de vida que usted le va a enseñar, entonces no fuera justo, ahora fuera hacia feliz y divertido como estaba concibiendo a su bebé entonces haci es como de divertido usted debe continuar cuando su bebé y la mejor manera correcta cual usted debe de saber como. Mas que todo, tener paciencia y yo si le prometo a usted, que usted y su bebé iran un camino largo viviendo una gran vida juntos, por supuesto, si usted es un solo padre/madre, usted pensara que vas hacer duro en la vida, si nosotros solos creemos que podemos hacerlo haga lo que haga. Aprender a tenerse confianza en usted mismo. Empiese a estar creyiendose usted misma, nadie mas creera en usted a menos que usted misma se crees. Despues de eso, las cosas se haran mas facil cada dia para usted y su bebé. Usted siempre necesita acordarse darle algo nuevo todo los dias a su bebé para saber o hacer, mas usted necesita crecer con su bebé. No se quede atras y siga tratando a su bebé como un recien nacido cuando ya crecio mas todo eso. Usted tiene que crecer con su bebé o si no su bebé la dejara atras y se mudara solo asi mismo. Eso es triste cuando pasa.

Pero usted pienselo y afigure de quien fues la culpa. ¡Si, suya! Usted necesita siempre acordarce que su bebé esta creciendo cada hora del dia. Su bebé estara mas vivo en poniendoce mayor que ciendo un bebé. Crezca y trate a su bebé por la edad en cual usted disfruta mas. AsÍ ustedes los dos viviran una vida feliz y fantastica.

CAMINOS DE LA VIDA

Para mantener su hijo /a en el camino derecho de la vida, como padres ustedes necesitan caminar ese camino de la vida con su hijo/a, y enseñar, entrenar, disciplinar y educar su hijo/a mientras este caminando ese camino de la vida juntos. Talvez se sienta o oiga como si fuera un camino del tiempo de la vida par caminar, talvez es, pero valdra la pena. Una vez que llegue a la parte de camino de la vida donde usted empieza a reconocer nadamas cuanto su hijo/a ha recojido de su parte, y quien estaba ahi con usted ayudandole con su niño/a, usted entonces reconocera que valio la pena todo los pasos en el camino. Padres necesitan gastar mas tiempo de validad con su hijo/a. por hacer eso. Por hacer eso, usted talvez no lo reconoceria, pero le enseñas mucho a su hijo/a de lo que usted quiere que su hijo/a aprenda. Dandole dinero a su hijo/a, regalos, viajes y cualquier otras cosas que usted le de a su hijo/a no es lo que su hijo/a ha estado deseando de su parte. Lo que su hijo/a ha estado deseando de su parte. Lo unico que su hijo/a desea que le des de su parte es "TIEMPO". Duro creerlo! Pero eso es! Parece lo mas facil es, lo menos que usted le quiere dar. Pero porque todo lo que usted le quiere dar a su hijo/a cuesta dinero y como usted lo ha trabajado, lo quisiera compartir con su hijo/a, el hijo/a cual usted ama mucho. En vida real cuando tenemos mucho para dar y compartir, los damos y los compartimos con esa persona a quien nosotros salimos amando para el resto de nuestras vidas a eso es normalmente la unica manera que sabemos como enseñarle a alguien que los amamos, si lo piensas mucho de lo que tienes no debe ser dado a quien amas porque ellos pueden volverce por naturaleza, ansiosos. Usted corre el riesgo perdiendo todo nada mas por querer compartirlo. Perdon, pero es lo mismo con un niño/a, si lo comparte o le das mucho a su hijo/a, su hijo/a se volvera ansioso, mocoso guardiamarina. Usted no lo reconoce pero eso es exactamente lo que usted no quiere que su hijo/a se vuelva en la vida. Es mucho mas facil nadamas caminar el camino de la vida con su hijo/a y debera enseñarle a su hijo/a como ver la vida. Para ver cual es la manera correcta para vivir la gran vida cual fue premiada a ella en este mundo grande de nosotros cual ha estado esperandolo. No hay nada malo en dandole cosas a su hijo/a, pero usted nada mas debe dar una cosa a su hijo/a cuando se lo merece, cuando su hijo/a debera se lo ha merecido. O, y no le des mucho o exagere. Piense en cuando come, cuando usted se rellena usted sube esas libras que usted estaba deseando no subir. ¿De quién es la culpa? ¡Si, la suya! Solamente no se rellene. Es lo mismo como dandole cosas a su hijo/a, no le des mucho y no crea que tiene que costar mucho tampoco. Su hijo/a siempre agradecera lo que le de usted no importando en donde lo compro o cuanto pago por eso. Padres no reconocen pero ello empiezan a enseñarle a su hijo/a nadamas las cosas que ellos desean que su hijo/a no hagan en el futuro, padres necesitan debera tal seguros si padreciendo es lo que ellos quieren hacer par los siguientes 18 años o mas ante de tener sexo con sus parejas. Usted sabe que si usted pone el mismo tiempo cual se toma para hacer su hijo/a entonces usted va a necesitar poner ese tiempo y mas para su hijo/a cuando nazca. No es justo para su hijo/a. Su hijo/a no le pidieron venir a este mundo, su pareja y usted criaron a el/ella y ahora usted y su pareja necesitan enseñarle a su hijo/a como crecer y lo que se toma para ser el mejor. Esto es porque usted y su pareja debera necesitan pensar derecho ante de brincar a la cama y lamenterlo después. Padreciendo es una gran carrera, pero si usted no debera goza tando con niños, entonces usted no gozara parientando tanpoco. Claro, usted puede empezar a aprender si usted gravemente quieres niños. Cualquier cosa es posible para aprenderlo nadamas dependiendo en cuanto tiempo esta dispuesto a gastar y aprender esa cierta carrera. Acuerdece, la mayoria de nosotros no aprendemos todo, necesitamos saber en parientando, la mayoria es una intuición que es siempre sido dentro de usted esperando que usted decida usarlo para que salga para afuera. Parientando es facil; nadamas depende en como lo vez y como lo use. Se vuelve divertido y en tiempo usted va a querer saber mas y hasta compartirlo con sus buenos amigos. Nunca se de porvencida en su hijo/a. Siempre sea orgulloso de lo que su hijo/a has logrado en su vida, haga lo que haga, aunque usted crea que ha debido mas. Despues de todo lo que su hijo/a la quiere de su parte como un pariente es su amor y que sea orgullosos de vez encuandos. Eso es todo lo que su hijo/a quiere o necesita de su parte. ¿Eso es considerado mucho para usted como padres para dar?

CAPITULO 2
PODER DE BEBE

Su propio bebé puede facilmente tomar control por encima de usted y su pareja. Yo se que ahora usted no crees esto. Bueno es muy verdadero. Vez, pronto su bebé nace usted no sabe exactamente como enseñarle a su bebé que lo amas mucho no importando lo que sea. Asi que usted crees que dandole todo a su hijo/a lo que quiere que eso debera le enseñe a su bebé que deberas lo ama. ''NO'', si lo hace usted ya esta empezando a crecer a su hijo mal. Pronto que su hijo/a nace necesita saber quien es mama y quien es papa. Bueno lo empezo por no darle mucha atencion al bebe cuando debera no es necesario. Usted crea en su tiempos cuando su querido le dio algo y no le resolvio su problema, en verdad usted estaba deseando que su querido le uviera dado un abrazo o aunque hablarle de su situación. ¿No diria usted que le ubiera resolvido su problema posiblemente? Bebés son de la misma manera, usted no cree que ellos le entienden cuando usted esta hablandole a ellos, pero crème ellos si. No deje que su bebé los engañen. No deje que su bebé tenga el mando si no la vida sera un dolor mientras criando su bebé. Usted necesita ponerle reglas a su bebé y asegurarse que usted se mantenga con ellos y su bebé tambien, bebés no entienden todo claramente pero si entienden la mayoria, nadamas mirelo cuando usted acaba de hablarle y mira los diferente cambios que su hijo/a hace, una vez que su hijo/a acaba de escucharle. Su bebé sacara un mensaje entendido, si usted no lo atiende cada vez que llora o pierde su templar. Aqui es donde usted como padres deben tenerle un buen control. Aprenda temprano ser "MUY" paciente con su bebé o si no nada trabajara de la manera en cual usted esperaba. Si usted sabe que su bebé esta en buena salud, entonces no hay nada para preocuparse, nadamas vaya y cheque en su bebé, si el pañal no esta mojado, no le pica y todo se vez bien entonces dejelo tranquilo y dejelo llorar o perder su enfodamiento hasta que se calme. Ahora ya que se ha calmado entonces eso es cuando juega con su bebé. Eso le esta enseñando a su hijo/a que el/ella no llora o pierde su temperatura por ninguna buen razones entonces claramente usted lo recojera a el/ella y usted jugara. Despues de un tiempo su bebé reconosera que usted no lo recojer si llora o pierde su temperature. Claro esto se tomara un tiempo para que su bebé sepa la diferencia, pero para que su bebé sepa la diferencia, pero ya que su bebé lo entienda, ya sera. ¿Digme usted? ¿Porqué se llevo tanto tiempo para que su bebé precioso nasca? Eso es verdad porque eso es cuanto siempre se lleva cuando usted quiere algo tan perfecto como su bebe nacer y ser amado. Usted tenia paciencia, ¿verdad? pero entonces usted no tenia eleccion por si queria un hijo/a sano. ¿verdad? esto es lo que usted siempre necesitara de acordarse de entregar a su bebé y porque se toma tanto tiempo para que su hijo/a le entienda. Mas de todo usted necesitara de acordarse de las reglas que le dio a su bebé y como es que usted quiere que su bebé las sigas. Si su jefe sigue cambiando las reglas cual les dieron del trabajo, ¿cómo se sintiera usted? Correcto, usted se sintiera como gritarle a su jefe nadamas para quitarselo fuera de usted. Como a usted no le dijieron porque ciertas reglas fueron cambiadas. Un tiempo cuando su bebé necesitara atención ademas de su parte o su compañero es cuando su bebé es nacido con tal clase de enfermedad. Eso es muy entendible. Pero si su bebé nadamas quiere ser cargado alrededor la mayoria del dia nadamas porque su bebé le gusta ser cargado. Bueno eso es una "mal" razon. Usted pronto reconocera que usted tiene una vida para vivir y responsabilidades para cuidar y que cargando su propio bebe nadamas porque su bebé quiere ser cargado asi todo el dia, eso es su error mas grande cual usted hizo con su bebe. Usted puede correctarlo ahora, creame cualquier cosa es posible y verdad, asi que tratelo. Usted reconocera que ya despues de estar, cargado su bebé por un tiempo largo y despues esta idea de no cargarlo es tanto ni dandole todo lo que quiere le trabaja a usted. Usted nunca lamentara mas sera un gran realivio para usted. Un poquito de tiempo libre a un padre es major que nada de tiempo.

CAPITULO 3
DISCIPLINA

Para disciplinar a su niño/a quieres decir enseñarle a su hijo/a como seguir las reglas entrenando la mente de su niño/a esta creciendo. La major edad en la que debe ser mientras su niño/a esta creciendo. La major edad en la que debe empezar por disciplinar su niño/a es normalmente cuando usted ha reconocido que su niño/a ha empezado a entenderla a usted, esto regularmente no importa la edad que su niño/a tiene. Nada en la vida nunca es muy temprano para empezarlo con su propio niño/a. Si, puede empezar en una eda muy joven, como cuando su niño/a automaticamente se estan poniendo mayor mensual y no viejos de año. Usted debe saber que lo mas joven que usted empieze disciplinando a su niño/a, lo mejor que fuera para los dos. Usted podra enseñarle a su niño/a mas y mas, y su niño/a estara listo para la vida en una edad temprana, cual fuera "una gran cosa" que usted no se arrepientara haciendolo a esta manera. Ello hay mucho para saber y acordarse cuando esta disciplinando su niño/a. Usted necesita exactamente saber cual es el tema que usted quiere en disciplinando su niño/a y usted necesita acordarse y tambien necesita acordarse de lo que, le enseño a su niño/a del tema y en que orden le enseño a su niño/a del tema y en que orden le enseño su niño/a no es justo que su niño/a se mete sea en problema o ser castigado cuando pueda que haiga sido su culpa como el adulto no acordarse lo que le ha estado enseñando a su niño/a. No importa cual tema escoje usted para disciplinar a su niño/a, siempre necesitara repetirlo mucho a su niño/a hasta que usted aiga reconocido que su niño/a lo ha memorizado y sabe que quiere decir cuando dice mama y papa. Ahora el problema mas grande de los padres juntos, es que los dos padres no estan junto al respetarse uno al otro cuando. Cuando eso se vuelve un gran problema en la vidas de los padres y especialmente en la vida de su niño/a tambien. Los dos quieren lo mejor para su niño/a, pero no quieren ponerse de acuerdo juntos, ahi es donde padres van a tener que trabajarlo junto. No esta bien para el bebé, porque el bebé no le tocara nada departe de los padres si ellos nadamas van a discutir cuando le toca disciplinar su propio bebé. Es bueno que el bebé sea amado mucho por los dos padres, pero es duro si ellos los dos no pueden entrenar su bebé de lo que debera es la vida aya afuera en este mundo grande en cual nosotros todos etamos viviendo. Padres necesitan acordarse que su bebé es nacido con una mente bien clara. Ellos como padres son los dos cuales les van a llenar la mente de su bebé con Lo que, ellos creén que es bien/o y mal para su bebé. Padres necesitan tener cuidado en esa parte cuando disciplinando su bebé. Ya que un pariente aiga decidido algo, su hijo/a lo recoje bien pronto. Parientes no pueden borrar tal palabras que le dijiero a su bebé porque esta ya en la mente de su bebé, ya tiene que ver y oir lo que usted va a decir enfrente de su bebé. Si padres no tienen cuidado de lo que enseña a su bebé se arrepentira, pero sera ya muy tarde, seria major tener cuidado de que estan planiando decir cuando esten enfrente del bebé. Estas son tal palabras cuales necesitan para disciplinar su bebé: Gracias, hola, alo, adios, con permiso, me puedo pasar . . . de nada, puedes porfavor, porfavor paseme . . . porfavor dame, puedo yo porfavor . . . puedo yo tener un, me puede dar uno . . . puedes porfavor.

DISCIPLINA

Para disciplinar a su hijo/a quiere decir enseñarle a su hijo/a como seguir reglas, entrenandole la mente y el cuerpo, "como" debe ser mientras su hijo/a esta creciendo. La mejor edad que usted debe empezar a disciplinar su hijo/a es normalmente cuando usted realiza que su hijo/a ha empezado a entenderle a usted. Esto normalmente no importa en que edad su hijo/a este. Nada nunca en la vida es muy temprano para empezar con su hijo/a. Si la puede empezar en una edad bien joven, como cuando su hijo/a se convierte en meses y no años de viejo. Usted debe saber que lo mas joven que empieze disciplinar a su hijo/a lo mejor que seria para ustedes los dos. Usted podra enseñarle a su hijo/a mas y mas, su hijo/a estara listo para la vida en una edad temprano cual sera "bueno", usted nunca se arrepentira hacerlo a esta manera. Hay mucho que saber y recordarse cuando esta disciplinanado a su hijo/a y usted necesita recordarlo, mas usted necesita recordarse que el enseño a su hijo/a en ese tal tema y en que orden usted le enseño a su hijo/a. No es su culpa que su hijo/a se meta sea problema o que sea castigado cundo pueda que haiga sido su culpa como el adulto que no se recuerde lo que le ha estado enseñando a su hijo/a, no importar que tema usted selecto para disciplinar su hijo/a, usted siempre necesitara repetircelo mucho a su hijo/a y hasta que usted ha reconocido que su hijo/a lo ha recordado y sabe lo que quiere decir hacer cuando mamá o papá lo dice, ahora los problemas mas grande que padres como parejas tienen son que los dos padres no complacienten ir con lo que uno de los padres dice. Eso es cuando se vuelve un gran problema en la vida de los padres y especialmente en la vida de su hijo/a tambien. Los dos quieren lo major para su hijo/a pero no estan dispuesto a coperar juntos. Ahi es donde los padres van unicamente dejar un padre hacer los disciplinas o los dos padres van a tener que trabajar junto, haciendolo. No es justo al niño, porque el niño no le tocara nada de los padres si nadamas van a discutir cuando le llegue a disciplinar su propio hijo/a. es estupendo que un niño es amado mucho por los dos padres, pero es duro si los dos no pueden entrenar su hijo/a de lo que la vida real se trata ahi afuera en este mundo grande en cual todo vivimos. Padres necesitan recordarse que su hijo/a es nacido con una mente bien clara. Ellos como padres son los cuales les van a llenar la mente de su hijo/a con lo que creen ellos que es correcto y equivocado para su hijo/a. Padres necesitan tener cuidado en esa parte cuando este disciplinando a su hijo/a. a la vez que un padre diga algo su hijo/a lo recoge muy rapido. Padres no pueden borrar ciertas palabras que ellos habian dicho a su hijo/a. Porque esta ya adentro de la mente de su hijo/a. tiene que ver y oir lo que vas a decir enfrente de su hijo/a. si padres no tienen cuidado de lo que enseñan a su hijo/a, ellos se arrepentiran, pero sera muy tarde asi que nadamas fueras mejor tener cuidado de lo que estan planiando para decir cuando este enfrente del niño/a. Estas son ciertas palabras necesitadas para disiplinar a su propio hijo/a: gracias, hola, adios, con permiso, puede usted porfavor pasarme . . . porfavor pasame . . . de nada, puede usted porfavor . . . pudiera usted porfavor . . . por favor paseme . . . por favor deme . . . puedo yo porfavor . . . puedo yo porfavor tomar un . . . puedo yo tomar uno, puedo porfavor . . . todo estos y tambien ya estoy segura que tendras mas para añadir en la lista, deber ser el primer vocabulario con que usted empieze a su hijo/a claro usted quisiera que su hijo/a empieze con mamá y papá. Ciendo unos padres unico fuera mas facil asi usted no tiene que hablarlo con nadie. Si sabe que es verdad, usted lo haria, claro usted no lo supiera de usted por un hecho que esta mal. Estas expreciones yo ha escrito para empezar a su primera palabras; puede ser usada en cualquier lenguajes por todo el mundo como su primer vocabulario tambien. De cuando nuestro hijo/a es chiquito lo que queremos mas de su parte es respeto, sea para nosotros los padres o para gentes cuando ellos estan con sus padres cuando ellos no estan alrededor.

DISCIPLINA DIARIO DEL NIÑO/A

Estos son algunos de las disciplinas que deben ser recordadas diario a su hijo/a:

- Respetar a los padres, hacer como dicen los padres
- Respetar adultos
- No conteste debuerta
- No use malas palabras
- Siempre dar las gracias por cualquier cosa que le den o le hacen para usted.
- Nunca aceptes cualquier cosa departe de ningun extranjero
- Nunca le hable a extrageros

- Comportarse sea en la casa o en el publico
- Disculparse
- Nunca interrumpas a la gentes mientra estan hablando, disculparse.
- Usar su manera:de la mesa:[no masque con su boca abierta, mantenga sus codos fuera de la mesa correctamente, no hablar mientras mastican, disculpalse antes de marcharse, no hacer gargaras con los liquidos, no eructes, no jueges con la comida. etc]
- Sea cortes ala jente que conoces, saluda las manos, sonrie, de su nombre y pregunte por el deyos. No moleste ni interrumpas a nadie mientras esten en el telefono.
- Nunca le des orden a un adulto.
- Siempre diga por favor cuando sea necesario no toque nada sin el permiso del dueño.
- ETC . . .

   Estoy segura que usted tiene un poco mas para aumentarle. Pero si usted vieras que esto fueran hecho diario antes de usted reconocer que su hijo/a y usted seran feliz.

CAPITULO 4
ENSEÑANDOLE AMOR A SU HIJO/A

!Contra! la manera bien y mejor manera cual usted puede ensenarle a su hijo/a que usted lo ama es solamente por decirle a su hijo/a "yo te amo pero debera significarse cuando se lo dice a su hojo/a. eso es, ¿facil, no lo es? Pero sabe usted, ello hay padres que no saben esto debera y otros que no lo creen ¿porque? porque ellos lo aman a ellos, fuera dandole al hijo/a cualquier cosa que ese hijo/a quieras, haciendole cualquier cosa para su hijo/a,[una especie siendo esclave del hijo/a] perdon por decir, pero caramba esas son maneras muy mal para usar para decirle a su hijo/a que usted lo amas, pero eso es criando su hijo/a la manera mal por seguro, piense en esto:fue su hijo/a nacido con cosas o nadamas su hijo/a nacio y se sintio feliz cuando su hijo/a reconocio ¿quienes eran los padres?

Entonces ¿porque padres no pueden comprender eso y continuarlo mientras criando su hijo/a? Como padres usted no necesita atancarse con su hijo/a ni darle abrazos, besos, amorito durito a cada minuto, !por dios! No crees usted acerca de usted mismo tambien, usted necesita tiempo para usted mismo diario. Bueno, lo que no quisiera que le haga a usted entonces no se lo enseñe o se lo haga a su hijo/a tantas veces en un dia. un hijo/a imitas todo lo que es hecho a ellos [especialmente departe de mama o papa] ademas si esa es la casa que usted le hace a su hijo/a siempre, entonces heso es la unica cosa que su

14

hijo/a vas hacer. ¿porque los padres empiezan hablandole a su hijo/a como adulto despues de sus adolecentes, cual es la diferencia?usted espero todo este tiempo para enseñarle a su hijo/a que su hijo/a necesita saber como cuidar su responsabilida, asi que ahora es tiempo para crecer y para su hijo/a poner su acto junto.!contra es eso mal! A quien es para culpar si el hijo/a no sabe nada mas que cosas de bebe. Eso es verdad los padres, si, hay una manera para enseñarle a su hijo/a ¿que tiene eso de mal?enseñele a su nene guarder su propio juegos, arreglar la cama, a no interumpir, para cuando es tiempo de jugar, para cuando usted necesita tiempo solo etc . . . yo estoy segura que usted mismo tienes mas para entregarle a su hijo/a. si un pero nunca es muy viejo para hacer trucos nuevos entonces su hijo/a no esta muy joven para aprender responsabilidades, el minuto cuando su hijo/a puede gatear, caminar y hablar y entender. ya es tiempo de entrenarlo. usted no reconoce esto pero su hijo/a quisiera aprender tanto ademas que cuchi-cus asi el/ella puede sentirse tan bien, feliz y orgulloso del mismo, claro ellos le pidieron decir esto, pero yo creo que si su hijo puede, su hijo/a le dijirle que usted lo amam tanto, solamente no se pase por la borda, usted vera lo feliz que los dos puedan ser. "AMOR" tiene el precio mas barato en el, asi que porque no usarlo la manera correcta. La mejor origen para un nino/a es si usted deberas amasu hijo/a entonces ustedes como padres los daran todo lo que tiene en su mente y mirara que su hijo/a vaya el camino derecho. su hijo/a siempre sera feliz y seguro en el adentro de su corazon y mente que su hijo/a siempre sabra que el/ ella pueden contar en sus padres sin importarle de que se trata. si el/ ella tiene un problema o preocupacion. Usted no crees esto pero su hijo/a estableces su propio mundo a su alrededor dependiendo com ousted lo crio. Amor de su parte siempre sera la verdad garantiza por seguro en su adentro de su hijo/a.

DEMOSTRADO AMOR CON SU HIJO/A

Si usted como padres tienen unos buen pares de oidos para escuchar y corazon para amar des vuelta a su hijo/a. usted sabe que su hijo/a no esta pidiendole mucho de su parte, claro ellos siempre quisieran su amor y atencion en un tiempo cuando usted no puede darselo. Bueno eso es cuando usted como los padres le explican a su hijo/a que amor y atencion no siempre se le puede dar a ellos exactamente cuando ellos los esperan. Ademas amor y atencion por alguna razon es asmas dos cosas para los padres darle a su hijo/a. principalmente un padre no hace tiempo cualidado para eso olos padres solamente no le importa por el amor y atencion cual su hijo/a necesitaran, como padres no podemos culpar nosotro hijo/a por llegar a este mundo, el hijo/a nunca pidio llegar, como padres ustedes los dos tubieron sexo y construlleron su hijo/a y como la madre usted comio la comida correcte para mantener su hijo/a sano, y fuerte mientras este creciente en su estomago. Ahora ustedes los dos necesesitan campartir esas dos partes importante de su vida con el amor de su hijo/a y sus dos oidos para oir a su hijo/a. como padres usted vas a necesitar saber que classes de amor y cuanto compartir toda su energia con su hijo/a todo los dias, usted necesita realizer que hay nada mal con eso! Usted vas a necesitar su propia energia todo el dia tambien para su propia responsabilidades de su hogar, no se le olvide eso, mas que el mundo no se revoltean alreadedor de usted a menos que usted se mueva y cuide sus responsabilidades.

CAPITULO 5

HACIENO NUESTRAS MEJOR MANERA

Claro como padres ustedes siempre quisieran lo mejor para su hijo/a. bueno, lo mejor que puede usted darle a su hijo/a es lo mejor que sabe usted como. Esto quiere decir tratando lo mas duro que usted puede en enseñandole a su hijo/a como hacer ciertas cosas en la vida mientras creciendo, por ejemplo: usted ha deber de estar mirando a su hijo/a dentro de sus hojos cada vez que le hablaba a el/alla y asegura que su hijo/a le este mirando a usted tambien, asi usted mismo sabia que su hijo/a estaba escuchando, concentrando, hacienda atencion a lo que usted estaba diciendo a el/ella. Eso entrena a su hijo/a siempre mirar a la persona en la cara cuando le estan hablandole. Saludar: estrecharse la mano siempre cuando esta ciendo introducido y que diga su nombre. Todas las mañanas que digas "Buenos dias" todas las noches que digas "buenas noches"

Siempre digas gracias por todo que le den o por todo que le entregan. Ondear cuando le esten ondeando. Siempre que diga "con permiso" cuando quisiera irse y hay otras jentes alrededor. Disculparse si es su culpa. Entrene su hijo/a como utilizer el sanitario la manera correcta y tambien como limpiarse despues de que terminen siempre. Especialmente cuando visitan juntos. Como llegar adonde sea que su hijo/a vas, para esto usted necesita "paciencia" porque esto se lleva mucha disciplina antes que su hijo/a lo entendiera sin problema y haciendole automaticamente lo que usted le entreno a su hijo/a hacer y no hacer. No su hijo/a a evitar cosas si les pertenecen o no. Claro como padres usted nunca debe encontrarlo chistoso cuando usted esta entrenando a su hijo/a porque su hijo/a no lo tomaria en serio. Si usted se tiene que reir tanto, entonces tome una pausa. cuando los padres entrenan necesitan ser serio y tartar de explicar el tema al niño/a de la manera mas facil cual ese niño/a vas a entender de lo que esta pasando, su hijo/a va pronto a ser ya mayor para eso de hablas de bebé mientra ser un niño/a. mantenga en mente que su hijo/a sera un adulto mas tiempo que fuera un niño/a. es, duro, pero ya esta listo para cuidarse solo si usted mientras esta creciendo. Entonces deju que su hijo/a lo haga solo y usted haga sus propias cosas. Solamente usted sigo su movimientos, su hijo/a la vendra a usted cuando lo necesite a usted, asi que no se preocupe. Usted siempre sera esa mujer maestro que su hijo/a aiga tenido. Si usted no se siente comoda de esta manra entonces hable con alguien de com ousted se siente. Ya que no es una satisfaccion para usted: un consejo, medico de familia, buena amistad o talvez a usted mismo en su espejo para tal segura que sabes que has hecho todo dentro de su poder. Sabes usted que cualquiera puede debera hacer este trabajo si debera se ponen de acuerdo para eso sin ninguna licenciatura de educacion. Todo lo que se toma es "paciencia" y creyencia es usted mismo que usted puede y usted estubiera sorprendido si lo hizo hasta aqui, entonces usted puede ir mas lejos, pero claro nadamas que usted quisiera. Asi que siga con eso y vaya hasta el final que su hijo/ase vuelva un adolecente, usted entonces usted sabra lo bien que hizo. Ser orgulloso, mirece usted mismo a menos que usted admire algo mas fuerte y sabio para esa parte, por lo demas, si usted mismo, usted no puede controlar su propio hijo/a. porque esta considerado que su hijo/a cracio mas fuerte que usted.

SU ASUTO COMO PADRES

Usted necesitara apoyar a su hijo/a hasta cierto punto que su hijo/a lo pueda hacerlo solo. Tal como, pero eso no quiere decir que porque ustedes son sus padres usted necesita decirle a su hijo/a todo lo que su hijo/a quisiera saber cuando este teniendo una conversasion personal con cualquiera, especialmente su conjuge.! Eso no es asunto de su hijo/a! es afuera una de la parte mas dura para recordarle a su hijo/a que usted quisiera alguna intimidad hacia el tiempo. su hijo/a necesita reconocer que el mundo no se revuelve alreasdedor dc su hijo/a. ustedes como padres si necesitan privasidad de adultos. si usted le enseno esto a su hijo/a desde que su hijo/a empezo a entender. Entonces usted no debe tener ningunos problemas con su hijo/a dandole espacio. No deje que otros especialmente familias ponerlo avajo a usted nadamas porque usted trata a su hijo/a la manera cual lo trata, si usted sra de acabe que tienes razon, si su hijo/a no sequeja entonces estara bien. Especialmente sus padres, ellos necesitaran encontrar un pasa tiempo en verde estar acosandolo de como criar su hijo/a. si alguien que se preocupe y lo respete, ellos no le estubiera diciendole a usted como criar a su hijo/a. no sienta pena pore los quien son que lo haran darce por vencia y hacer como digan ellos. Nadie realiza eso, pero eso es exactamente lo que le pasa a todo en el mundo. Ustedes como padres necesitan realizarse que ustedes tiene una vida personal para continuar viviendo a un lado con nadamas su hijo/a y solamente su hijo/a. usted perdera esa buena relacion con su hijo/a si no se echa para atras y recoje algunos espacio para respirar. Y deje que su hijo/a realize que el/alla necesitas tiempo para el/ella mismo tambien. Asi su hijo/a puede aprender para pensar por si mismo. Dandole espacio a su hijo/a es cuando usted puede ver sis u hijo/a lo hara solo aya afuera enel mundo debera.

CAPITULO 6

HORA DE ACOSTARSE PARA SU HIJO/A

Yo no se si usted se das cuentas de su hijo/a que cuando es tiempo de acostarse, eso es cuando su hijo/a tiene mucho de que hablar y muchas preguntas para preguntar, se ha usted fugurado "porque" eso es porque su hijo/a exactamente odia acostarse hace a un nino/a sentirse que esta perdiendo algo. Como padres ustedes necesitan entrenar su hijo/a que cuando es tiempo de acostarse ya, es tiempo de acostarse y descansar. Usted no necesitara quedarse en el cuarto hasta que su hijo/a se duerma, hablele a su hijo/a del dia o leale a su hijo/a un cuento y entonces. Dele un beso agale cosquillitas, y digale "buenas noches", salgase, apague la luz en el camino saliendo para afuera. Acuerdele a su hijo/a que lo amas y ya. Si usted no juega juegos, su hijo/a tampoco jugara. Claro cada noches asegurese que su hijo/a use el baño, se lavas los dientes y se banña ante de acostarse a la cama. "No" verifiques con su hijo/a cada 5 minutos nadamas par aver sis u hijo/a se dormio, nadamas deje a su hijo/a solo, tarde o temprano su hijo/a se dormira. Si su hijo/a reconoce que usted esta chequeando eso causa mantener despierto a su hijo/a hasta que usted pare de estar mirandolo. Todos automaticamente se duermen cuando tienen sueño, un niño/a exactamente de la misma manera. Ignore las preguntas de su hijo/a par alas primera par de noches, si su hijo/a trata de preguntarles por un rato en la cama. Nadamas ignorelo y antes de que usted saber, su hijo/a ya no lo hace mas. Un niño/a hara cualquier cosa para no dormer, ninguna pregunta es importante durante el tiempo de dormer para su hijo/a menos que su hijo/a este enfermo o su hogar se este quemandose. Esas son las unicast razones que deviera usted entrar al cuarto de su hijo/a. como padres ustedes le enseñan a su hijo/a. Como padres ustedes les enseñan a su hijo/a actue y usted se mantiene con eso la manera exacta como usted se lo enseño a su hijo/a.

CAPITULO 7

CUANDO EL CONYUGE
SE QUEDA EN EL HOGAR

¿Sabia usted que cuando su conyuge se queda en el hogar para cuidar al hijo/a, nunca ha sido considerado un trabajo? Eso esta muy mal! Un conyuge a quien se queda en el hogar tiene muchas responsabilidades y trabajo para hacer en el hogar. Es solamente lo mismo como cuando vas a trabajar a la ciudad. Especialmente "hombres" no creen que cuando una mujer se queda en el hogar para cuidar al hijo/a no es considerado un trabajo, cada conyuge que trabaja afuera siempre piensas que cuidando un hijo/a en el hogar es muy facil. Mas que todo los que hacen en el hogar es ver television, tomar siestas y comer. Es que solamente que el conyuge trabajando afuera no reconoses quien ha estado manteniendo su hijo/a sano, buen modo, disciplinado y su hogar mas ordenado y limpio. El conyuge trabajador nunca lo creera ni le diera gracias al companero, por un gran trabajo que el/ella has hecho todos los dias. Como trabajadores de afuera es desde cuando sube sol hasta que vaja el sol, pero un trabajo de adentro con su hijo/a, su trabajo nunca es hecho hasta que el hijo/a se muden para afuera. Criando a un hijo/a es un trabajo de 24 horas. Vale la pena pero es duro tambien. Nada es faciel en la vida menos que usted lo establece para ser y le de todo lo que tienes. El conyuge quien se quede en el hogar talvez no haga ni traiga nada de dinero al hogar, pero si ahora mucho de no tener que pagar a alguien mas para hacer trabajo de por adentro mas pagarle a alguien mas para criar al niño/a. Esto es exactamente lo que el conyuge quien trabaja afuera necesita realizer y de vez en cuando enseñar agradecimientos a su conyuge de la misma manera que su jefe los agradecen cuando ellos hacen buen trabajo. Ahora por el conyuge de por afuera ensenando agradecimiento, para tomar el lugar, eso es lo que le da al conyuge del hogar, energia para continuar todos sus dias mas sintiendose mejor para cuando el conyuge de adentro del hogar hace cualquier cosa. A veces el conyuge del hogar hara algo especial para el conyuge quen trabajaa afuera cuando apreciamento es enseñado de alguna manera, no nadamas por decir "Gracias" pero por hacienda en trayendo algo chiquito y bonito, especialmente algo que el que el conyuge de adentro le gusta recibir a tiempos. Eso es la mejor manera que usted y el conyuge trabajador lo hara correcto. Ahora para esos conyuges quien se quedan en el hogar, ver television, no te importe tu hijo/a, habla todo el dia en el telefono, hace compras, se arreglan el pelo y comen comida basura y mas . . .

No eso no es conciderando trabajando en el hogar. Esos se considerado "Chichon flojo" por siendo el trabajador de afuera, a usted le gustaria a usted le encantaria llegar a su hogar y encontrar un hogar limpio, comida en la esa y un hijo/a comportado, usted sabe que siempre enseñar aprecio al conyuge del hogar, esa es una manera que usted lo entendera y complacientemente para lanzar en tiempos cuando sea necesaria en cuanto llegue al hogar. El trabaja de afuera no reconoses cuanto trabajo tiene el conyuge de adentro hasta que ello cambien de lugares por unas cuantas semanas. Esto es considerado un trabajo de tiempo entero mas horas extras todo el ano sin ningun aumento. Levanter su cabeza alta, sea orgulloso y sientase feliz de criar su hijoa y cuidando su hogar porque no hay nadie quien pueda hacerlo mejor que usted.

CAPITULO 8

EXPLICANDOLE "COMO" PARA SU HIJO/A

La manera mas simple para explicar "como" a su hijo/a es exactamente la misma manera como yo lo estoy explicando en mi libro en como disciplinar a su hijo/a, usando palabras simples que su hijo/a puede entender y expliquele de la manera que vas y nadamas repitiendole hasta que usted realize que usted quizo que su hijo/a entiende. entonces usted deja a su hijo/a trate y hacer lo que sea en la orden que debe ser, mas nadamas vea que se esta haciendo correcto. Lo peor que usted puede hacer es perder su temperamento en su hijo nadamas porque su hijo/a no lo agarro en la primera vez. Acuerdese, es nadamas un niño/a que lo agarara de todas maneras. Una vez que su hijo/a lo entienda, creame a su hijo/a nunca se le olvidara. Una vez que usted explica "como" en palabras ahor, entonces deje que su hijo/a lo trate con las manos, no se enoja sis u hijo/a pierde su temperament o se le mete una rabia, eso es normal en la vida [¿No pierde usted cuando usted no lo entiende?] aveces le ayuda al niño/a entenderlo mejor por siendo de esa manera. Nunca ayuda usted hacercelo a su hijo/a. su hijo/a vas a necesitar aprender "como" tardes o temprano, entonces porque no empezar a enseñarle a su hijo/a ahora. Una vez que su hijo/a agarro el jugo de eso, usted mirara un cambio en su hijo/a en lo tan orgulloso que su hijo/a se siente por hacerlo todo solo. Por supuesto si enseñen orgullocidad como padres de una vez que su hijo/a yah ace el trabajo correctament. No les de lastima a su hijo/a, su hijo/a no necesita eso, su hijo/a necesita su apoyo. Cuando usted esta explicandole "como" a su hijo/a, siempre mantengase con las mismas reglas en la orden usted empezo. No use palabras grandes cuando este explicando "como" a su hijo/a o vas haber dificultad para que su hijo/a pueda entender. Ustedes como padres necesitan recordarse que usted le estan hablando a un niño/a y no a un adulto, pongase usted mismo en el lugar de su hijo/a u mire como le gustaria a usted si alguien estubiera explicandole algo a usted con palabras grande que ni usted mismo sabe quiere decir. Nunca se den por vencido con su hijo/a, ustedes fueron los unicos con quien su hijo/a tiene que les pueden decir que no y "como" biene la vida y como se vaz en los tiempos.

CAPITULO 9

CUANDO SU HIJO/A
SE ENFERMA

Como padres ustedes deberian saber muy bien cuando su hijo/a debera esta enfermo o falsificandolo. Nadamas porque su hijo/a los necesitan a ustedes, llora, se actua como un mocoso etc . . . no quiere decir que su hijo/a esta enfermo siempre. Como padres ustedes necesitan dejar de creer todo lo que su hijo/a no deben ser tomado muy serias. Nadamas verifique su hijo/a dependiendo en la queja de su hijo/a. si usted crees que nada mal, entonces nadamas digale a su hijo/a que el/ella estara bien y que siga haciendole lo que estaba hacienda, usted cuntinue haciendole lo que estaba hacienda. Su hijo/a no siempre los necesitan, su hijo/a nadamas quisiera su atencion en tiempo. Yo no creo que es importante que su hijo/a reciba lo que su hijo/a lo quiere cuando su hijo/a esta bien. Por usted darle a su hijo/a lo que su hijo/a quiere cuando su hijo/a lo pide, eso es como dejando su hijo/a saber que todo lo que necesitaria hacer para lo que quisiera. Cual es ser un penoso a mama o a papa. Aqui es donde usted aprende hacer muy paciente en su vida mientras criando un nino/a. no se des por vencia deje que su hijo/a se des por vencia cuando el/ella empiezas a querer algo !ahora mismo! Bueno nadamas continue lo que esta hacienda y espere hasta que su hijo/a pierdes toda su energia y su hijo/a empieza a llorar deje que su hijo llore, no lo vas a matar. Cuando su hijo entonces se realize que por ordenando a mama y a papa no lo esta sirviendo, su hijo entonces dejara de estar haciendose un mocoso. Especialmente cuando su hijo esta enfermo, entonces acuestelo en la cama, dele a su hijo/a lo que necesite para comer y beber. Salgase del cuarto, no entre al cuarto de su hijo/a acada 5 minutos. ¿Quisiera usted que lo chequen cada cinco minutos, por su conyuge si estuviera enferma? Es lo mismo con su hijo, nada mas deje a su hijo tranquilo, nunca les ensene a su hijo porque este enfermo lo tratara mejor y le dara lo que le pide. Tiempo equivocado para hacer eso. Nada mas siga tratando a su hijo/a de la misma manera como si su hijo/a estuviera bien. No sea tan amorosito, esa manera nada mas hace a su hijo/a no sentir mejor mas pronto. Le esta diciendo a su hijo que nada mas cuando su hijo puede entonces tener toda la atencion de amor y efecto de parte de mama y papa acualquier tiempo y cualquier cosa mientres este enfermo. Entonces su hijo preferiera estar enfermo todos los dias, nada mas para tenerlo a su manera. ¿que crees usted? ¿no lo quisiera usted si fuera de esa manera para usted cada vez que se enferma?

CAPITULO 10
¿?'S A PADRES DEPARTE DE SU H IJO/A

En la edad de un hijo/a, el hijo/a no reconoce lo que el hijo/a entre la preguntando, ni la diferencia sabe el hijo/a entre la pregunta siendo preguntada sabiendo que fuera bien. Bueno como padres necesitan entrenar a su hijo/a en una edad joven cual el/ella es libre para preguntarle a usted cualquier preguntas que su hijo/a no esta seguro de la contestacion y especialmente sis u hijo/a no entiende de que se trata el tema. Mientra su hijo/a esta creciendo usted necesita darle a su hijo/a una chansa para centirse libre para poder hablar con usted. En cualquier preguntas que su hijo/a pregunta sin importando de que es re lacionado, ustedes como los padres debieran siempre darle a su hijo voluntad para que entienda. Nunca juege cuando este contestando las preguntas de su hijo/ a, desela derechas a su hijo/ a. Si usted no quiere peder el respeto de su hijo/a. De preguntadole a usted de cualquier preguntas. Es mejor si la respuesta viene de su parte, haci usted sabra eso en su mente de su hijo/ a esta en orden. Padres nunca deven ignorer su hijo/a cuando su hijo/a tiene preguntas. Cuando padres empiezan a ignorar su hijo/a, ellos estan perdiendo su relacion mas es cuando un hijo nada mas, le vas a un extranjero para encontrar la resulta y eso es lo que usted no quiere que pase. Es muy duro de regresar una relacion con su propio hijo/a. Graciosos es mas facil para hablar con su hijo/a de un extranjero que su propio. Pero si usted lo piensa, ¿cual es mas importante para usted? Si deves en cuando usted no puede contestarle a la preguntas de su hijo/a, usted le dara saber eso a su hijo/a. Nunca vea las preguntas de su hijo como si fueran graciosas no guapas. Esos es el error mas grande por hacer eso y los padres actualmente nunca reconosen lo que estan haciendo hasta que la relacion de su hijo/a empieze a bajar para abajo! Todas las preguntas no deve ser considerado importante, pero necesitara explicarselo a su hijo/a mientras no es importante. Claro no vas a estar contestando preguntas todo el dia para su hijo/a. Usted hace su programas de cuando preguntas pueden ser preguntadas a usted de parte de su hijo/a. Si ignora el hijo/a, el hijo/a empieza a mantenerse con el publico malo. Porque empezara hasta que peor le pase a su hijo/a ante de que empieze a darle atencion a su hijo/a. No lo hago porque es mas duro tratar y sacar a su hijo normalmente. Su hijo se pone mas curioso todos los dias, asi que cresca con su hijo/a asi, y no lo cierre ni lo ignores. Por darle a su hijo/a la respuesta correcta y chequeando que a su hijo/a entiendes. Su hijo no necesitara chansas y usted es el unico quien pudiera darle la chansa asi entonces su hijo no la necesitara entonces. Porque es muy duro agarar chansas. Ahora para esos aquienes lo merece eso, "Chansa". Se le deve de dar, especialmente sus hijo/a. enséñele a su hijo/a como merecerse ganarse el derecho para agarar esa chansa que el necesita, se merece o se a ganado. Usted necesitara explicarlo como lo ves usted. Fuera mas facil saliendo la explicacion de su parte. Expliquele la mas facil que puedas, y eso lo hara mas facil para usted y su hijo/a.

CAPITULO 11

MANTENINDO COMUNICACCION CON SU HIJO/A

Nadamas usted imaginese si nosotros las jentes no se mantenieran en communicacion, ¿como debera fuera este mundo? Eso es bien miserable, bueno entonces mirela de la misma manera con su hijo/a. especialmente porque su hijo/a es ta importante para usted o aunque sea le importa su hijo/a a usted entonces demuestralo. Eso siempre has sido por siempre mantenerse en contacto con su hijo/a, no importa quien sea, lo mas contacto que usted se mantenga con su hijo/a, una mejor relacion entre los dos le crecera todo los dias. Como padres esa es la parte mas importante para cuando este criando su hijo/a es mateniendose en contacto. No nada mas de vez en cuando." Todo los dias y cada minuto que usted pueda. Escuelas tienen que hacer mas conse jos a estudiantes y tener que hacerlo que los padres no tengan cominicacion con sus hijos/a. eso no esta bien par alas escuelas por no mantenerse en communicacion con sus hijos/a, su hijo/a pierde mucho en su vida. Atras a su hijo/a, no agara un buen concepto de si mismo como un nino normal debiera tener por seguro que no es un niño/a feliz. Pero usted mismo no pudiera saber nada de esto sin que usted se mantenga en contacto con su hijo/a, asi de esa manera usted siempre sabra lo que esta pasando en la v ida de su hijo/a como esta hacienda su hijo/a en la escuela en cualquier otro lugar. Su hijo/a ara tambien en educacion de su hijo/a. eso es muy importante. De su parte como padres siguen ayudando y manteniendo contacto con su hijo/a, debera ayudario y le ensena a su hijo/a para ser lo mejor que pueda ser en la vida de su hijo/a, usted talvez no crea en esto pero nadamas agalo y mire lo que le vas pasondo mientras a su hijo/a. Todo lo que se llevaria fueran unas palabras de parte de ustedes los padres voltear a su hijo para que sea lo mejor que puede ser. Tiene que mantenerse una comunicaccion abierta para todos los dias en la vida de su hijo/a no importando lo que pasa, usted se tiene que quedar en comunicaccion con su hijo/a. Creame esto sera algo que usted estuviera orgullosa despues de matenerse en contacto con su hijo/a una persona mejor, mas usted crecio con su hijo. Eso es un sentimiento feliz. ? Que cree usted? Para mi es orgullosamente nada mas.

CONTACTO DE OJO CON SU HIJO/A

Enseñandole a su hijo/a que lo miren cada vez que usted le estan hablando o hasta cuando llaman el nombre de su hijo/a tambien es muy importante contacto de ojos de una la primera maneras que tuvieran, para comunicarse con su hijo/a desde que hijo/a fue nacido. Y usted les enseña a su hijo/a que lo mire en sus ojos cuando usted esta hablando le con su hijo/a, haci usted supiera por seguro les estan haciendo atencion a lo que le esta diciendo. Yo creo que un niño/a puede entender mejor cuando el niño/a mantiene contacto en el ojo a la persona que le este hablando. Padres necesitan enseñar a su hijo de mirarlos a ellos a sus ojos cuando le estan hablando a su hijo. La vida es de la misma manera que adultos necesitan mirarse de uno a otro de la persona con quien estan hablando, o ellos no se entenderan claramente lo que estavan supuesto. Sabe usted que cuando estan en grupos y usted llama a su hijo/a, su hijo/a automaticamente la oyera y la buscara como su hijo/a ya esta impuesto a mirarlo a usted cuando su hijo/a lo oye llamandolo por su nombre. Despues de un tiempo usted empezara haciendole signos con sus hijo/a en una manera cual su hijo/a le entendera lo que quiera decir sea si era malo o bueno que hicieron o los signos de sus ojos les diran a su hijo/a si estan en problemas con usted o no. nada mas usted y su hijo sabran lo que usted esta haciendo en el mismo momento nada mas un padre y un hijo pudieran enteder la interpetacion de sus ojos. En cierto sentido como si fuera su propia lengua. ¿En la onda verdad?

CAPITULO 12
PACIENCIAS

Mi creyencia que su usted nadamas encontraria ese tiempo tan bueno como lo encontro cuando estaba haciendo ha su hijo/a. Entonces usted deberia encontralo igual cuando este educando y disciplinando a su hijo/a usted no deberia almar lo que pueda usar. La casa mas importante a un adulto volviendose a un padre es poder ver su hijo/a cre a usted cer y ser criando por la mejor conocimientos que usted puedas. usted talvez se y no enseñera a usted misma algo que nunca sabia. Mas de todo que usted debera nececites para usted misma antes de que usted empieze a disciplinar su hijo/a seria "PACIENCIAS" si no, solamente no le servira la manera exacta que usted quisiera. Los dos padres tubieron que estar en esto juntos. Lo hiciera mucho mas facil si ustedes los dos pudieron hacerlo igual. Y si solamente es un padre con quien el niño/a viven, pudiera hacerlo tambien. De cualquier manera lo pudiera hacerlo que funcione y darle a su hijo/a una vida feliz y educada. Ninguno de ustedes se arrepentira de estos momentos con su hijo/a. Aga lo mejor que pueda con su hijo/a todo los dias, porque estos dias nunca regresaran y tubieramos que siempre recordarnos que no importando, la vida sigu moviendose para adelante y no para atras. Si usted saca a su hijo/a a paseos, asegurese llevarlos a un lugar que le valga su tiempos y tambien que puedan aprender algo del lugar, no nadamas lugares donde haiga maquinas para jugar, bolera, etc. demasiado para aprender de la vida y uno mismo en lugares asi, !SI! de vez en cuando es bueno salir y divertirse en esos lugares, pero no siempre.

CAPITULO 13

EDUCANDO A SU HIJO/A

Normalmente estudiantes estan considerando "HACIA" las maestras cada ano cuando primero empiezan el solegio. Ahora actualmente al estudiante para que mantenga ese grado hasta que la escuela se termine por el año. Como padres nececitaran considera a su hijo/a, con una mente bien limpia queriendo y estar dispuesto a deficiar y a aprender lo mas que pueda su hijo/a, de su parte a quien mira su hijo/a que considera el mejor maestro cual el/ella vaz a tener y departe de quien su hijo/a vaz a aprender todo lo que su hijo/a necesitara mientra su hijo/a estan creciendo y mas. Como padres mientras enseñandole a su hijo/a lo unico que vaz a necesitar es "paciencia" usted no lo acabara hasta el ultimo dia sin su hijo/a. Hasta cuando usted empieze educando a su hijo/a, asegurese que tenga la paciencia y lo que vas a necesitar mientra educando a su hijo/a(Perdon per ousted no pudiera usar esa mizma paciencia cuando estas comprando algo en un centro commercial). usted debe de empezar a ensenar a su hijo/a el minuto cual usted sabe que su hijo/a lo puedes oir y mirarlo. Usted necesitara repetir algo much hasta que usted sepa que su hijo/a lo entiende. Un hijo/a no debe ser considerado muy chiquito o muy joven para que aprenda algo. Cualquier cosa es possible. Primera cosa que le quisiera entrenar a su hijo/a fuera aprender hablar, use las manos, sonreir, comer, bañarse, lavarse los dientes, gatear, caminar, corer, rodar, nadar, vestirse y estoy segura que usted mismo tiene mas . . . ahora cuando su hijo/a empezo hacerse ya mayor, eso es cuando es tempo para educar a su hijo/a ellos sujetos exactos cual sus hijo/a necesitara en su vida mientra creciendo todo los dias, como agarrar un lapis, escribir, leer, trabajar con numeros, manera facil para deletrear, colorear, dibujar, leer mapas, colorear palabras para tener sentidos, hablar, saludable, musica, ejercicios mas otros sujetos que usted sabe que les ayudaran a su hijo/a mientra creciendo. Usted nadamas debes enseñarle a su hijo/a mismo le interese en el tema. Ahora para los dos temas cuales les consideran importante a usted per ousted no sabe nada de ese tema, bueno usted deberia estudiarlo y entonces enseñarselo a su hijo/a asi su hijo/a no estara atrasado para cuando empezando la escuela y ademas sabra mas y bastante mientras en la escuela. Cuando padres en el hogar hacen y se toman su vida, padres no realizan talvez, pero ayuda mucho ensenar a su hijo/a ser un poquito adelantado de cierto temas en la escuela y hasta mientra esta creciendo. Como dige si usted noes el adulto muy paciente para enseñarle a su propio hijo/a lo que debes, entonces empieze a practicar en teniendo la paciencia porque sin ser paciente no vas a poder hacerlo bien lejo con su hijo/a y yo estoy segura esto no es lo que usted quisiera. Una cosa que usted le necesite entrenarle a su hijo/a primero fuera que sea un buen oyente para cuando le este hablando y para que siempre lo mire alos ojos para cuando usted le este hablando a su hijo/a asi su hijo/a debera estar escuchandole. Si usted quier que su hijo/a sea fuerte en todo los temas y pueda superficiar cualquier cosa en la vida de la manera dificil y de vez encuandos como padres no pueden hacer mucho cuando su hijo/a es de esa manera. Lo mejor que usted puede hacer es enseñarle a su hijo/a lo mejor que usted sabe como y nadamas dejar de que su hijo/a sigua adelantandose aunque vaya ser la manera dificil cual su hijo/a lo vas aprender. No se preocupe ellos normalmente sobreviviendo, nadamas confie en su hijo/a y de le tiempo. Mientras que usted no lo debe tener nada para preocuparse. Su hijo/a le dara las gracias algun dia, nadamas no lo espere muy pronto. Niños cabezones normalmente se toma un poco mas para comprenden. Recuerdese que como padres usted mismo programa la mente de su hijo/a hasta la edad de 5. Normalmente lo que habia sido programado en la mente de su hijo/a en la edad de 5, eso es lo que normalmente se vas a quedar ahi. Esto es porque usted quiere tener cuidado en lo que usted le programa en su hijo/a mientras es joven ante la edad de 5 solamente nunca se de porvencida en educarlo a su hijo/a por lo mucho que quisiera nadamas tenga paciencia y usted lo harra hasta el final ante usted saber que usted lo hizo. Claro un padre nunca eh acabado en educando sus hijos/a. cresca al lado de su hijo/a, camine los mismos pasos y disfruten la vida juntos con sus hijos. Estos seran momentos que ustedes nunca se le olvidaran y no quisieran olvidarlos, van a valer cada minutos de su tiempo y mas si usted lo pudiera de sobra. Sea orgulloso de lo que sea su hijo/a escoje para ser en la vida. Esto fue su eleccion, usted como un padre el enseño a su hijo/a como tener y usar la fuerza cuando necesite. Es la vida de su hijo/a que vas a tener, sea feliz y orgulloso de lo que usted hizo a su hijo/a hoy.

ENSEÑANDO COMO LIMPIAR

Nosotros sabemos que a un niño le gusta desordenar cualquier are a en la casa pero odia limpiarse despues de el/ella mismo, bueno es decir que un niño/a debe ser ensenado como mantener su area de jugar y el hogar limpio. Nada esta mal con su hijo/a aprendiendo a limpiar, nadamas expliquelo muy claro de como usar cualquier tintorerias y lo que puede pasar si las tintorerias son usadas en las cosas mal. No nadamas expliqueselo a su hijo/a, deje que su hijo/a haga el trabajo mientra usted se lo esta explicando, niños aprenden mas pronto con tratando de hacerlos y no nadamas sentado y escuchando a un adulto hablar. Una vez que su hijo/a haiga aprendido, no siempre le diga a su hijo/a que el trabajo fue hecho bien y que parece bien el trabajo cuando todavia esta mal. No de creditos si no ha sido ganado la manera correcta. Si usted no le enseña a su hijo/a sobre cuando algo esta hecho bien y cuando esta hecho mal, entonces?quien le enseñara? No le, tenga pena, mire que su hijo/a lo re haga otravez ? su hijo/a le tiene pena a usted? !no! aqui no hay diferencia. El cuarto de su hijo/a debe ser mantenido ordenado y recogido. Ensenele a su hijo/a valores de como vivir, una vez que su hijo/a tenga valores de como vivir, su hijo/a estara feliz y orgulloso.

CAPITULO 14
DANDOLE UNA OPORTUNIDAD
A SU HIJO/A

Por lo mucho que le puede enseñar a sus hijos, usted probablemente aprendara nuevas cosas que nunca esperaba par aver. Todo los años siempre hay algo nuevo o una nueva manera como haciendo cosas no importa de que tema. Cuando usted este armando algo y sus estan alrededor de usted, pongalo a que le ayuden. Deje que ellos hagan las partes de aguantando cualquier maquinas que sea necesario, claro necesita su ayuda si es muy pesado. Ensene orgulles si pueden ellos hacerlo, aunque se trataron. La necesesidad de ninos es la orgunez de sus padres. Eso es lo que lo tiene marchando queriendo hacer otras cosas mas y mas. Padres son como baterias para ninos que nunca se apagan, lo tanto como niños que nunca se apagan, lo tanto que niños son lo mismo para padres porque padres les gustan querer hacer mas cada vez que ven a sus hijios/a mejorandose en cosas que se le enseñado a como hacer y ellos pueden sin tener que hablar tanto y haciendolo bien, ese es el mejor centimiento que un padre puede sentir, y lo mejor que un niño puede darle a los padres.

CAPITULO 15

ENTRENANDO A SU HIJO/A COMO UTILIZAR EL SANITARIO

Por supuesto cuando su hijo/a es nacido su hijo/a todavia no tiene control en sus momentos valuosos. Por eso usted necesita usar pañales en su hijo/a hasta que usted que su hijo/a ya esta listo para entrenarlo en como usar sanitario, en tiempos cuando su hijo/a necesita miar o cagar. Aqui ha tiene una manera facil para entrenar su hijo/a a como usar el sanitario:

Paso 1: su hijo/a necesita saber por donde esta saliendo el liquido y lo que es.

Paso 2: su hijo/a necesita saber de por donde esta saliendo el culata y que le esta saliendo.

Pase 3 ahora usted se sienta el lado con su hijo/a para entretenerlo en compania: ante que lo sepa su hijo/a ya mio.

Paso 4: para un varon mandelo al bano con papa para miar y que nadamas haga todo lo que hace papa.

Paso 5: para los dos a la vez que quieran ir al bano, nadamas sientelo a los dos en el sanitario, consigale algo de fruta y un poquito de su alimentos favoritos. Expliquele a lo que la comida se vuelve despues de comerla y por adonde sale y porque. Por el tiempo que usted ya acabe de explicarle, este nino/a ya haiga hecho caca en el sanitario de entrenos. Ultima exploracion para su hijo/a sera que si eso no se le sale a el/ella puede soplar por manteniendole tanta caca en su culito. Claro, la mayoria al final usted le estara ensenando a los dos como limpiarse su culitos despues de acabar y a la hembra como necesita limpiarse su vagina tambien cuando ya acabo completamente.

Paso 6: enseñele a su hijo/a como ruborizar el sanitario para cada ve que su hijo/a le realiza pipi o caca. Pero que nadamas cuando su hijo/a le ponga algo en el sanitario es nadamas cuando debe rebizarlo y si no que no lo toque.

Paso7: por fin su hijo/a necesita saber como lavarse sus manos cada vez sus manos cada vez que use el sanitario, especialmente con jabon. Siempre felicite a su hijo/a sis u hijo/a eh usado el sanitario y hizo algo adentro correctamente. Dele un precio chiquito a su hijo/a, por solamente darle un abrazo a su hijo/a no le contestara mucho. Su hijo/a agradece eso mas que cualquier otra cosa. Dale una semana entrenandolo asi y ante de que lo sepa, su hijo/a has aprendido a usar el sanitario ellos mismos.! No es eso estupendo o hasta siquiera fantastico! Ahora si no quiere que su hijo/a se cague o me eh en la cama, no le de nada para beber 2 horas ante de acostarlo. Durante el dia, mire que su hijo/a uses el sanitario cada hora o cada media hora. No importa lo que le dio para tomar o comer a su hijo/a nadamas es el punto para que se imponga a saber cuando usar el sanitario y cuando.

CAPITULO 16
CASTIGO

Si padres necesitan castigar a su hijo/a para cuando su hijo/a haiga hecho algo cual el/ella no estaba supuesto hacerlo ni permitido pero lo hizo en todo caso, o cuando el nino lo hace como fue dicho por sus padres o si no sigue las reglas de la menera como debe ser perseguidas. Un hijo/a debe ser castigado siempre por no perseguir las reglas de los padres, castigos para niños debe ser currarlo en sus culitos, befetarlo en su mano cuando este tocando algo que no esta supuesto a tocar [bastante que el nino lo sienta], quitele lo que esta usando para ugar el dia entero. No deje que mire television, quitele los juegos electronicos a su hijo/a, no permitido al uso del telefono y no permitas llamadas, no postre, su hijo/a no es permitido comer lo que disfruta mas, no le permita compania, no puede visitar a nadie, su hijo/a no es permitido hacer nada divertido, ahora. Estos castigos son las manos que un hijo/a pueda recibir, creame ellos funcionan. Fuera de todo estos cual usted selecto, ¿cuantos y por cuantos tiempo se lo va a dar a su hijo/a. no preguntas sobre esto, nadamas eso, "si usted no hubiera hecho lo que hizo, usted no estubiera en esta posicion, ahora en pensandolo". Como padres usted no deberia sentirse mal ni dejar que le duela mas por castigar su hijo/a. eso es considerando que como padres usted esta sintiendo lastima y usted no debera lo quisiera hacer. Eso fuera bien fuerte hacerlo asi. Si usted como padres nunca han castigado a su hijo/a, entonces su hijo/a nunca apredera lo que usted quisiera "Responsabilidades". Cuando su hijo/a se pone mayor, la vida se pone mas dificil. Por eso es mejor que los padres les enseñen la responsabilidades correctas y los castigos que van agarrar si ellos no persiguen las leyes. Si usted tiene muchos hijos por una cosa mal unos de ellos hizo eso no es justo. solamente de le el castigo al hijo/a quien se lo merecio por lo que ese hijo/a hizo. Una edad de un niño/a no deviera explicar al niño/a exactamente porque el o ella se le esta dando unos tar castigos. Nunca le deje a un hijo/a salirse de eso que hicieron o si no usted mismo le estara haciendo dano nadamas al niño/a y usted esta creyendo que usted nadamas debera le esta ayundando al niño/a. usted siempre le necesitara explicar a su hijo/a lo que es el castigo, ¿porque? y de por cuanto tiempo.

CAPÍTULO 17

AGRADECIMIENTO ENSEÑANDO A SU HIJO/A

Padres necesitan saber como enseñarle a su hijo/a agradecimiento antes de apreciar algo. Ustedes como padres no le pudieran enseñar agradecimientos a su hijo/a como usted se lo hace a un adulto. Como padres, cuando usted este listo para agradecimientos a su hijo/a, no se pase por la borda con ella. Ahi es cuando un niño/a se mezcla sobre como el niño/a esta debera siendo apreciado o nadamas es un amorcito chiquito de los padres. Ustedes como padres no quieren que su hijo/a no sea como un mocoso, y luego no realizan que ellos le estan haciendo. Ustedes como padres deben hacerle ms atencion a la manera como ustedes tartan a su hijo/a. su hijo/a no deben ser apreciado en cada cosa chiquita que hace. Nadamas es cuando es algo que su hijo/a hizo profundamente usted se siente orgulloso y principalmente sorprendido por lo que su hijo/a hizo y como lo hizo. si fue hecho mal o incorrecto, ahi no debe hacer aprecion, aunque su hijo/a trato. Bueno, porque no empezar enseñandole a su hijo/a la manera correcta, nunca le ponga lastimas nadamas digale a su hijo/a que tratas otravez hasta que es hecho correctamente. Su hijo/a aprenderas mejor si usted le admitira la verdad a ellos y nadamas tenga a su hijo/a que lo haga otravez. Que importa sis u hijo/a se vuelve en un "humor siseo", eso no lo suprimira en vida real. Asi que nadamas ignorelo y siga mudandose. Como padres necesitan crecer con su hijo/a mientra apreciando cosas que su hijo/a hace. Como padres cuando usted vas agradecer lo que hizo su hijo/a, la mejor recompensa cual usted le puede dar a su hijo/a seria un gran abrazo, un besito en su cachete y una buena corta platica realizada a lo que su hijo/a hizo. Eso nadamas debe ser hecho cuando su hijo/a hizo un buen trabajo, mas usted mismo reconocio lo tan bien que hijo/a lo hizo. Eso es suficientes. Si usted le enseña agradecimientos a su hijos/a por toda esas cositas que su hijo/a hace, entonces usted le esta enseñando a su hijo/a la manera mal de lo que agradecimientos quiere decir. Si usted reconoseria eso por mientra su hijo/a esta creciendo, usted todavia puede enseñarle a su hijo/a de la misma manera que siempre lo ha enseñado agradecimientos. Cuando biene del Corazon y la mente, no cuesta nada para darle la gracia a su hijo/a y su hijo/a aprende aceptar un agradecimiento de la manera a como usted se lo das a su hijo/a. si dando regalos, articulos y cosas etc . . . a su hijo/a es la manera a como usted enseña agredecimientos por lo que su hijo/a hacaba de hacer, esa es una muy mal manera de hacerlo. ¿Que vas usted hacer cundo usted no tenga dinero para comprarle algo a su hijo/a, porque usted le agradecio por lo que su hijo/a hizo? Adivine lo que pasa, su hijo/a no hara mas cosas para usted, porque usted nadamas le entreno a su hijo/a que nadamas haga algo cuando mama o papa ted an algo bueno, un simple abrazo. Y besito los llevaria lejo con su hijo/a queriendo hacer mas solamente para que sea apreciado de parte de mama o papa con un beso y abrazo. usted no crees esto, pero como padres ustedes son la energias, su hijo/a no lo sabe tampoco. Mire a su hijo/a cuando le das un abrazo, y le da la gracia, usted encontrara las chispas y energia que le has dado usted a su hijo/a por nadamas un abrazo y beso. Ahora, ¿no es eso mas barato y no se siente usted mas feliz por lo que usted le he dado a su hijo/a? !SI! un abrazo y beso departe de los padres son los padres son las mejores memorias para la vida de un nino/a mas algo que nadie pudiera quitarselo, ellos pueden siempre aguantarlos en su corazon mientras quieran.

CAPITULO 18

NO HACIENDO LO QUE USTED
NO QUIERE QUE SU HIJO/A HAGA

Padres no realizan que su hijo/a esta haciendo todo lo que ellos hacen. Hasta que lo miren ellos con sus propios ojos y le pregunte a su hijo/a "¿Quien te enseño esto, adonde aprendiste esto, a quien viste haciendolo?" Bueno !Sorpresa! su hijo/a agarro de su parte. Usted no reconoce, pero como padre, usted en el modelo y guia de su hijo/a. como padres claro ustedes fueron las dos caras a quien su hijo/a estara mirando la mayoria de la vida mientra creciendo, asi que su hijo/a lo considera su protector siempre. Yo creo que una mente de un nino/a la vez, que si usted me vas a protejer mas me vale que lo respete. Claro usted y su conjuge siempre necesitaran acordarse que si estan planiando de hacer algo que los dos disfrutaran, pero es mal que su hijo/a lo vea haciendolo a cualquier edad en cual su hijo/a esta, entonces, usted no lo puede hacer, porque usted tendra que contestarle preguntas a su hijo/a empezando con" ¿porque?", estubiera bien. mama y papa pueden hacer esto pero el nino/a no puede. Eso no es justo para su hijo/a, asi que usted necesita acordarse de lo que usted no quiere que su hijo/a haga. [Entonces usted no puede hacerlo tampoco]. Cosas como fumando, bebiendo, drogas etc . . . yo estoy segura que usted sabe el resto. No es justo castigar su hijo/a por hacer algo mal, si estos malo habitos vinieron de sus partes. Yo no creo eso es justo, ¿crees usted?

CAPITULO 19

TERMINE LO QUE USTED EMPIEZA

Empezando con los padres, ellos necesitan imponerse a completar todo lo que empieza. Asi le entrena a su hijo/a a ser concientemente consiente eso es debara importante acabar lo que empieza ante de entra ece en otra cosa mas. Si usted no enseña que le importa de lo que su hijo/a esta haciendo, su hijo no completara los proyectos. Su hijo/a siempre necesita valor y fuerza de los padres. Usted necesitara acordarle a su hijo/a, porque es importante completar proyectos que empieza. Si usted nunca completa un proyecto completo, como padres ustedes necesitan explicarle a su hijo/a siempre mirara la vida de esa manera tambien. Cada vez que su hijo/a puede moverse hacia otro proyecto, usted asegurese que su hijo/a lo completa. Entonces en su hijo/a hay algunao cosasa cual faltan para poder completar la vida de su hijo/a, eso es la necesidad de su hijo/a siempre completar todo para ser "UN NIÑO/A FELIZ Y COMPLETO". Asi su hijo/a no estara dejando "decisiones importante de la vida", a mitad de camino no decidido, nadamas porque desde que el/ella era chiquito no tenia que completar lo que el/ella empezaba. Los padres nunca le ensenaron al hijo/a "COMO" tampoco expliuco "PORQUE", usted talvez no crea esto pero ello hay muchos que nadamas se quedan con nosotros los padres, mientras ser criado y esto es uno de ellos. Digame, ¿hay algo que le falta en su vida? Claro, lo que le falta es lo que nunca completo en el pasado. Yo se que usted no crees esto, pero la esta buscando, esto quiere decir que usted debera necesita pensar de cualquier cosa que usted dejo por detras bien atras en su pasado incompletando. [en su infancia, adolescente, a esta edad, etc . . .] vas a seguir buscandola hasta que usted vaya de vuelta y solamente completarlo o hacer o sea necesario par aver qur esta completo. Su vida entonces se sentira diferente y claro cumplir y mucho mejor y ademas probablementemas feliz, claro nadamas depende en el tema.

CAPITULO 20

ENSEÑANDOLE A SU HIJO/A CUAL ES LA COMIDA CORRECTA PARA COMER

Bueno, si nosotros fueramos por lo que el mundo nos aconsejas para comer y que no comer, no fuermos lo que somo hoy, tampoco no estubieramos a donde estamos ahora. Como padres usted debe saber cual es la comida mal y buena para su propio hijo/a. No escuche a otros, solamente hagalo usted mismo, su hijo/a debe poder aprovar diferente comidas de la parte suya con usted sabiendo que es bueno para su hijo/a. La comida numero uno cual no deberia dar de comer a su hijo/a es "comida basura", Yo estoy segura de que usted sabe ¿que es "comida de basura"?. Cosas como caramelos dulces, sodas, chocolates, pasteles, etc . . . seria lo que usted no le da a su hijo/a, su hijo/a no lo come. Claro usted necesitara explicarle a su hijo/a porque "la comida de basura" es la unica comida que su hijo/a no deberia de comer, ademas le ahorar mucho el bil del dentista en el futuro. Su unico bil de detalle, lo que debe solamente es de chequeo de una vez al ano. Padres tienen diferentes maneras como explicar los problemas de "comida de basura" una manera facil seria, encontrar fotos tambien asquerosos y videos de niños/a y dientes de jentes y decirle y decirle directamente a sus hijos/a que los dientes de sus hijos/a se volveran igualito que esos dientes si se decide comer "comida de basura" [en caso de que su hijo/a penso en comer "comida de basura" por detras de su espalda] acuerdele a su hijo/a, que no importa con quien esta, su hijo/a no debe comer "comida de basura" todavia fuera malo para los dientes todavia. No importa si las fotos que les enseñas a su hijo/a son feas o susias o talvez su hijo/a vomitas por la fotos que le estas enseñando, eso quiere decir que las fotos estan trabajando, nadamas pienselo solo, usted lo comeria despues de verlo que se parece "comida de basura" ¿Y lo que le puede hacerle en su sistema? Yo se yo no lo comeria pero eso nadamas es mi opinion. Encaso que usted quiera comer algo dulce pero usted no quiere que su hijo/a lo como nadamas porque usted esta comiendolo. Como padres usted vas a necesitar comer sus dulces en tiempos cuando su hijo/a no esta con usted o mirandolo para lo que come y lo que hace. Si no usted vas a necesitar explicarle "porque" a su hijo/a, porque usted esta comiendose eso despues de saber lo que lo dulce le hace a sus dientes. Claro usted debe ensenarle a su hijo/a como cuidar sus dientes de la manera propia. Su hijo/a debe saber que sus dientes debe saber que sus dientes debenser cepiyado despues de cada comida "porque" eso es lo que ayudara a su hijo/a tener sus dientes saludables. Una exprecion limpia de los dientes: Cualquier cosa que su hijo/a en susia vas a necesitar ser limpio ¿"verdad"? Bueno, eso es exactamente la misma cosa que su hijo/a debe reconoser que si hijo/a esta haciendo con sus dientes o si no los dientes de su hijo/a se van a poner como las fotos que le esta enseñando cual yo no creo que le guste a su hijo/a. Tambien estara ahorando tanto en los años al no tener que llevar a su hijo/a al centista sin que sea para el chequeo del año. Cuando quiere que su hijo/a le entiende claramente, entonces hablele claramente a su hijo/a como un adulto. Siempre preguntele preguntas del subjeto de cual le acabo de hablar.

CAPITULO 21

NUESTRAS CHANSA MIETRAS EL TIEMPO BUELAS

Desde nuestra nines a nuestra capucha de adulto, nosotros todos cambiamos a cierta maneras quieramos o no. claro con un buena mente un persona cambia a una vida mejor, si la mente no funciona bien, usted se volviera a una persona no siendo normal. Lo mas importante para acordarse es que cuando usted vas a empezar una familia usted misma vaz a necesitar saber como disciplinar y educar un niño/a si usted no sabe hasta ahora entonces es tiempo de explorar libros y preguntar preguntas de todo los subjetos en disciplinando y educando un niño/a asi que cuando su hijo/a nace ya usted estara lista y hasta mas orgullosa de usted misma porque usted aprendio tanto en como educar y disciplinar su hijo/a nuevo. Si escucha a familias y amigos cuando ellos les ensenan tal manera como hacer tal cosa con su hijo/a, pero "No" usted no tiene que hacerlo con su hijo si usted no se ciente muy segura de eso. Mientra usted le escuche a esas gentes ellos estaran bien. Asi no se vuelve una discussion I no tiene nada de que preocuparse. Si siempre habra alguien que diera que ya ellos han estado en esto de la criansa de niños por un tiempito mas que usted. Asi que es no siempre quiere decir que ellos saben lo que es mejor para su hijo/a. Nadie sabe que es mejor para su hijo/a mas que usted los padres. Sin que usted tengan preguntas porque usted no esta muy segura de tal cosa para hacerle a su hijo/a y usted nada mas no se siente muy segura de eso entonces eso es cuando usted llama a alguien que usted siente que sabe un poco mas de lo que usted esta para hacerle a su hijo/a nadamas llame a los que usted se siente comoda con hablandole y no lo vas a llebar con muchos dichos por nada mas una preguntita nuestro padres hicieron lo mejor en criando nos bueno ahora nosotros usamos el conocimiento de nuestros padres, y mas para criar nuestros hijos. Como padres, la mejor parte es que les toque criar a su priopo hijo/a de la manera que queremos y no de la manera que dice el mundo, una parte que nuestros padres aveces no pueden saltar es que nuestra vida misma cambias, como ya crecido adultos y nosotros ahora sabemos lo que es correcto y malo en la vida. Asi que ahora es tiempo de que usted comparta con su hijo/a loi mejor en criando su hijo/a, ayi es donde los padres en casa llegan adentro de la vida de su hijo/a y le ensenan a su hijo como ser fuerte por cada dia no espere ese "Gracias" de parte de su hijo/a por criarlo bien fuerte, usted lo recibira, nadamas tenga paciencia y usted lo estar oyendolo en una manera cual su hijo nunca le habia pedido en su vida.

CAPITULO 22
LAS AMISTADES DE SU HIJO/A

Un amigo para su hijo/a es como su hijo/a teniendole segunda parte de el mismo. Usted deberia poder decirle cuando su hijo/a le dira a usted de su nueva Amistad nueva que tiene y cuando su hijo/a y la amistad se disfrutan juntos, cuanta diversiones siempre tienen, si no puede ser apartados que se tienen que hasta llamarse por telefono y hablar por horas por muchas cosas personales de ellos mismos. Ahora eso es lo que si considera una amistad. Como padres toma usted necesitara hablarle a su hijo/a de como escojer un buen amigo. La mejor manera seria que no todos los que miras o platicas son considerados buenos amigos a su hijo/a. un buen amigo es otra persona con quien su hijo/a se llevan bien, trabajan juntos, nuncan pelean sin una buena razon, se disfrutan sus propias visitas y tienen bueno razones, se disfrutan sus companias y hacen muchas buenas y cosas divertidas juntos. Amistades bienen y se van, pero una Amistad de verdad nunca dejaria a su hijo/a. ellos siempre encuentra a alguien conquien mantenerse en contacto si estan viviendo millas aparte. cada amistades que su hijo/a encuentan no son buenas amistades. Abran amistades que su hijo/a train ala casa y claro como padres ustedes no aprovaran de ellos, pero si usted aprende hablar con su hijo/a sin pelear con la amistad de su hijo/a entonces su hijo/a mirara su punto de vista de por que usted no le gusta la amistad en los tiempos, su hijo/a lo pensara y en tiempo suhijo/a entonces soltaria a esa tal amistad. si esa amistad no parece valer en tendiendo. Nadamas no lo aga una gran cosa o usted no hara mas duro para que su hijo/a se desaga de amistad, por gritar, chillar o insultando, eso no le vas ayudar nada. Como padres, nadamas calmese y sea tranquilos antes de decir cualquier cosa a su hijo/a cual usted va arepentirse ya despues en la vida. Como padres necesitan acordarse que no importando por lo que pase, la vida sigue viviendo. esta parte de la vida su hijo/a necesitara aprender las maneras duras por querer creer ni escuchar solo a mama y a papa. no se preocupe su hijo/a viviras, su hijo/a a, "revivido" !verdad! pero acuerdese, la vida de su hijo/a seguira mas adelante sin importancia.

CAPITULO 23
NIÑO DE LA CALLE

Si usted desea y espera que su hijo/ no se vuelva a un niño de la calle como esos ahi afuera que usted habia visto sufriendo, muriendose de la hambre usando drogas, usando alcol, haciendo sexo en una edad joven nadamas para sovrevivir, robando, muriendo, y agarando enfermedades mas otras cosas mala que su hijo/a pueda volverse. Entonces usted como padres necesitan aprender y acrodarse de la leccion mas grande que es dada por esta razon. Cual es que siempre mantenga un ojo en su hijo/a, mantengase en comunicacion con su hijio/a, se pa lo que su hijo/a esta mirando en la televison, mantengase en contacto con las maestras de su hijo/a, asegurese que su hijo/a ya hizo su tarea, chequela, tenga un conversacion de padre y hijo/a (pongala en su propio horario) si todo esto no es hecho todo los dias, entonces eso es cuando su hijo/a se siente descuidado y se va afuera ese mundo y hace cosas muy malas cual no deve ser hecha, vas a la carcel, roba, hacen crimen y su hijo/a se convierte en algo que usted penso que no iva a ser. Como padres usted no reconose que cuando su hijo/a nacio, la gran "responsabilidad" como padres usted ivan a tener. Bueno, es tiempo de saber lo mucho que pueda, asi le puede dar lo mejor mientra este criando a su hijo/a. Usted aprendera a crea a su hijo/a como hacen todos, cual es dia por dia, usted no reconocera que estas haciendo a su hijo haste que usted mismo lo veas y lo que correcte ayi mismo, asi no pasa mas. Pero usted como padres creando usted a su hijo/a, es como enseñando y aprendiendo algo que usted nunca penso que iva a aprender. Es la mejor experencia cual usted nunca se arrepentira, como padres van a verlo como tesoro esos tiempos que usted paso con sus hijos. Despues de que su hijo/a aiga cresido a una adulto maduro cual es hecho algo muy bien de su propio hijo/a entonces ayi es donde usted como padres reconoceran lo que tambien que hizo su trabajo mientras creciendo a su hijo/a. entonces es cuando usted se puede dar credito por lo que estava haciendo y por lo tambien que su trabajo fue hecho. Como padres usted nunca se deve dar por vencia con su hijo/a, especialmente su hijo/a se convierte en un nino de la calle. Esto es cuando su hijio/a devera los necesita. Nunca volte su espalda a su hijo/a y acuerdese como padres usted deve siempre estar ayi par su hijo/a, no importando que tan mal esta la situaciones. Su hijo/a siempre puede correctar su propio error mientras usted como los padres estaran ayi para ayudar a su hijo a pararse y enseñarle a su hijo/a que usted estara alado no importando lo tan mal que vas estar y para lo mas que lo necesiten. Nunca le den la espalda a su hijo/a, usted son los unico con quien su hijo/a puede contrar. Demuestrele esto a su hijo/a, esto sera lo primero que le habrira lo necesesarios cual debera quisiera hacer mejor y mirarse solo en la derecha direccion en vida. Dele usted como padres lo mejor que puedan, eso es todo o que pueden hacer. Lo mejor que un padre le puede dar a su hijo/a fuera amor, confianza, y dejarle saber a su hijo/a que usted todavia creen es su hijo/a haciendo las elecciones correcta en sus vida. Estos es como un padre escojera energia para su hijo/a. Ustedes como padres no crren que esto nunca cambiara. Su hijo/a siempre los llamaran primero cuando se causan en problenas o no pueden decidirse solos solamente o tal desiciones en la vida de su hijo/a. Usted siempre se los de por arriba de preoridades de su hijo/a en la vida de ellos para siempre.

CAPITULO 24

SU HIJO/A, EN MARCHAS
A LAS PELICULAS

Ante de contestar que "SI" a las preguntas de su hijo/a "¿puedo ir alas peliculas?" como padres ustedez deben saber cual peliculas vas a ver su hijo/a y que su tipo y mas de todoque vas hacer. Si usted sabe mucho de lo que se trata la pelicula que su hijo/a quiere ver, entonces usted deberia preguntar. Preguntele a alguien que usted confie que ya la vieron y le pudiera decir de ella y usted entonces decide. Peliculas en hoy dias debera no son buenas para que ninos lae vean, no importando de que se tartan. si si son expeluznantes, miedosas sucias, chistosa y sucias peliculas fueran las peores peliculas para que su hijos/a las miren porque sus hijos no lo reconocen hasta que la mente de su hijo/a empieza asombrar del camino mal y despues empieze a soñar de cosas de su hijo/a nunca he visto en su vida, asi que claro que lo vas a asutar bien a su hijo/a. usted talvez tendra que llevar a su hijo/a a ver un psiquiatra, par aver que vas a necesitar hacer, asi su hijo/a puede regresarse debuelta a acteando siendo normal ante que su hijo/a aiga empezado a ver tal pelicula, nadamas que porque como padres usted nunca fue interesado en la pelicula que su hijo/a iva a ver ahora, lo que se iva a tartar. Usted puede salir pagando miles y miles de dolares por el resto de la vida de su hijo/a y no tener una vida normal y feliz ante de empezar a ver esa tal pelicula namadas porque como padres usted no quizo sentarse con su hijo/a y ver la pelicula juntos. Si, nadamas una pelicula puede distruir la manera de su hijo/a de como ser y actuar.

CAPITULO 25

ANTES DE IR A UN CENTRO DE RECREACIONADAMENTE

El primer paso que usted nesecitara hacer ante de llevar a su hijo/a a un centro de recreacionada es sentar a su hijo/a lo esta mirando directo cuando le este hablando. Deles las reglas a su hijo/a de regulacion para donde vas a ir, tambien acuerdele a su hijo/a lo que va esperar de su parte por lo mientra esta aqui en este lugar. Las mejores reglas para darle a un niño/a son siempre mantenerse con usted no importando donde de estas, que no interumpas cuando las gentes estan hablando, escuche a la persona cuando esta hablando, no sea un añoñoso, no se retuerza, escuchame cuando te estoy hablando a ti, no pida que le compre algo, lo mas importante de todo, si usted pierde su hijo/a o si su hijo/a lo pierdes a usted, vas a necesitar explicarle a su hijo/a que no se panique nil lore porque no vas ayudar. Su hijo/a no lo encontrara de ninguna manera mas facil por actuar asi de esa manera. Acuerdeles a su hijo/a que busque un guardia, policia, o cualquier de los adultos quienes le trabajan em ese lugar en donde esta presente. Digale a su hijo/a que le pida a cualquiera de ellos que le ayuden a buscarlo a usted. Asegurese que su hijo/a calgue con ellos numeros de telefonos importante y usted le debes enseñar a su hijo/a como llamar llamada collect en caso que su hijo/a no tiene dinero. Si para cuando usted les de estas reglas a su hijo/a y sis u hijo/a tienen algunas preguntas de eso, de le contestaciones ya porque despues sera muy tarde. Y si no, entonces ya estan listos para irse y tener un buen tiempo.! Buenas suerte!

CAPITULO 26
PASANDO NOCHES

No, no es un poco importante ni necesario para que su hijio/s se pase una noche en casa de un amigo. Bueno ustedes como padres necesitan explicarle a su hijo/a "Porque" su hijo/a no puede pasar la noche en casa de una amistad. Cuando su hijo/a se van acostar a la cama, ya es tiempo de ellos cerar su ojos y dormirse, no es tiempo de jugar, hablar, payasear, jugar juegos o ver television, etc . . . . Entonces en ese caso mantenga a su propio hijo en su propia cama. Mañana ellos continuan a donde pararon. Ahora cuando tienen fiestas de dormitar yo eso lo considero una expetacion porque en fiestas de dormitar se quedan levantados bien tardes y se disfrutan mas los padres no puede reclamar por que es un dia muy importante para su hijo/a y ellos le permitieron a su hijo/a que tenga un fiesta de dormitar despues de saber todo lo que habian planeado para esa noche. Cuando amigos pasan la noche, los padres les gustaria que sea como una fiesta de dormitar siempres. Entonces no deje que la amistad de su hijo/a no pase las noches, claro si una emergencia pasa en la familia, ya eso es entendido para que un nino ya pase las noches en casa de un amigo con el permiso de los padres. Dos amistades bien juntos estan jun tos todo el dia, ¿que mas esperan ellos ya que el dia se ha acabo mas hacer por pasando las noches de cada uno? "Mal" nada mas expliquelo a su hijo/a que lo mas pronto que su hijo/a se acueste lo mas pronto que le llegara el siguiente dia y su hijo/a y la mejor amistad pudieran continuar disfrutandose pero lo mas que su hijo/a discute con usted, lo mas que sera ante de que manana venga, eso es lo unico que usted necesitara decir deviera ser la misma explicacion a la amistad de su hijo/a quien quisiera pasar la noche en su casa tambien sis u hijo/a pasa la noche en casa de una amistad muchas veces es muy malo porque entonces su hijo/a recojeria malos abitos cual usted no le va a gustar y lo reconocera bien pronto, eso serial as ultimas cosas que usted quisiera que su hijo/a hiciera.

CAPITULO 27

TENIENDOLE MIEDO
A LA OSCURIDAD

La oscuridad es algo de que aprender mientras somos jovenes, no tenerle miedo eso empieza con los padres enseñarselo a los hijos. Yo empeze mi hijo en una edad bien joven, cuando mi hijo tenia 5/6 meses yo siempre manteni todas las luces apagadas en la noches en el cuarto donde se estava quedando. Eso fue toda las noches cuando se acostava para dormir asi que por haciendo eso todas las noches, eso le enseñe a mi hijo que por estar en la oscuridad estava bien nunca tuvo miedo. Mi hijo despues de un tiempo que el mismo reconocio que no habia nadie alrededor y no avian luces prendidas, ya reconocio que queria decir que ya cierre los ojitos y a dormir hasta el otro dia y que la luz no era nada para tenerle miedo. Yo trate de hacer cuentos tratandose de las buyas que el oyia. Iluminaciones yo le decia que esos eran gente jugando boliches arriba en el cielo y me sonreia cuando se lo decia tambien, cuando la casa chillava yo le acordava a mi hijo que nada mas es la casa arreglandose para ya dormirse como el porque esta oscuro, buyas de animales yo le decia a mi hijo que eran los padres llamando a sus hijos que ya era su tiempo de acostarse a dormir, igualito como yo le hacia a el cuando era su tiempo de acostarse tambien. Yo no le hablo de cosas mala a mi hijo, lo que mi hijo no sabe no lo dolecia ni lo asutara. Ello no hay ninguna rason para explicar a su hijo/a cuentos largos de cosas miedosas si no es importante. La oscuridad nadamas es una parte de nuestro dia. Nuestras vidas son parte de el dia y la noche. Noches son bonitas por muchas rasones. Nosotros podemos ver cosas que no podemos ver en las horas del dia. El niño/a empiezan bien temprano a ver los padres y ver su los padres tienen miedo, si los padres y ver si los padres tienen miedo, si los padres se estan riendo le mandi un signo al hijo/a, "todo esta bien" y el miedo se le vas a fuera, yo empeze bien temprano con mis ideas y no dejarle la luz prendida en el curate de mi hijo, ya eso fue cuando empezo ya a reconocer que acostumbrandose en la cama ya en la noche quiere décor que ya se duerme sin ningun miedo.

MIEDOS DE RUIDOS

Cuando nuestra casa chillaba y hacia vuyas, yo le dije a mi hijo que la casa ya se iva a dormir asi como cl hacc cuando se esta ya establesando. Si las vuyas de los animales de por fuera le molestaban a mi hijo yo recien le decia a mi hijo que los padres estaban llamando a sus hijos para ya acostar lo ante de la noche.

CAPITULO 28

CUANDO Y QUE DEBERIA UN NIÑO/A VER EN TELEVISION

Si usted deja que su hijo/a nadamas vea cualquier cosa en tele entonce se esta arriesgandoze y no le esta importando por lo que su hijo/a vez en tele y si tomaria el tiempo entonces usted misma empiezara a ver lo tan facil que recoje de habitos su hijo/a y se vuelve algo que usted no deseo a que se volviera. Un nino/a es muy vivo en sus propias maneras para cuando quieren hacer y aprender algo, ellos saben hacer las cosas malas primero,[quieran o no, niño o adulto siempre decearan que no lo haigan hecho, eso nadamas es de una parte de la vida] y tele es el lugar numero uno endonde ellos siempre lo recojeran, bien pronto y aprenderla bien facil sin problemas, por eso es que usted quisiera que ellos piensen de o que aprendan de tele considerada una niñera. su hijo/a puede recojer un habito ya que usted no le esta haciendo atencion a eso. Nadamas se pondra peor a causarle problemas a su hijo/a, hasta ya que se vuelva una gran cosa entonces es cuando usted empieza a darle mas importancia "MAL" a veces ya es muy tarde para tartar de resolver, pero usted deberia darle un trato en resolviendolo ya que ama a su hijo/a. explicale a su hijo/a porque usted piensa que lo que el esta haciendo no es tan bueno, especialmente porque la causa a ellos mismo problemas. Esto es la misma manera como le puede causar problema a un niño/a por leyendo y usted no sabe de que esta leyendo. Es muy importante que los dos padres siempre se queden por arriba de su hijo/a y que sepan y hasta la fecha con lo que este pasando en la vida de su hijo/a dia por dia y no nadamas chequearse con ellos debes encuando. Padres no reconocen que haciendo un hijo/a no es tan facil como criandolo. Criando un hijo/a es como corriendo una velocidad cual usted planeo y quisiera que creciera vivo y sano sin problemas mas adelante. Bueno, si no le hecha agua a esa semilla y la mantiene saludable hasta que se pueda ir ya a su propio. Es de la manera que cualquiera hijo/a tambien lo hiciera. Claro un hijo/a necesitaria mas atencion entre los tiempos. Asi que como padres ustedes necesitaran poder dirigirlos en el camino correcto por mientras crecen. No lo espere hoy pero algun dia ese hijo/a suyo les dara las "GRACIAS" por ser quien quien fue y siempre estando ahi por su hijo/a cuando el/ella los necesitabas. A usted, ese sera su tiempo para centirse orgulloso de usted mismo y ser feliz por lo que logro. Ese trabajo usted siempre lo mirara en cualquier cosa que haga o complete su hijo/a. acuerdese, quiera o no, usted tiene que ponerlo todo el tiempo que quiera en su hijo/a asi su hijo/a puede aprender la diferencia en medio del mar y bien, diciendole cualquiera cosa una vez ala mente de su hijo/a, vez a necisitar repetirlo por un tiempo en tiempos diferentes, hasta que usted debera reconoces que debera se lo martiyo en la cabeza de su hijo/a. usted lo reconocera en su hijo/a cuando debera esta martiyada. Usted mismo se sentira mas orgulloso de usted mismo y hasta vas a querer hacer mas y mejorarse mientra enseñandole a su hijo/a cualquier cosas. Siempre expliquele como es su hijo/a "Andarse con rodeos" o usted mezclara la pobre mente. No le gusta a usted que sea claramente explicada a usted sin ¿ tener que usar palabras inventadas? Siempre quedesen en contacto con su hijo/a, dia por dia no nadamas para cuando nadamas le quiera dar buenas o malas noticias a su hijo/a, eso no esta bien para su hijo/a. su hijo/a necesitara saber siempre para lo que esta ahora pasando, despues y en el futuro. Su hijo/a se sintiera mejor y fuera mas feliz en su vida Chiquita como para ahora, aunque sea su hijo/a no se preocupara, cuando un niño/a se preocupe mucho, eso reducera al hijo/a en pensando y haciendo mejor para el dia. Yo no creo que usted quisiera que le pase eso a alguien a quien amas mucho, usted estubiera miserable's tambien. Nada esta mal con explicando bien claro de un problema a su hijo/a, su hijo/a pueda que sea pequeño en su afuera pero en su mente puede coger mucho, nadamas dele un intento y tengale bastante de paciencia mientra le este hablando a su hijo/a, usted estara sorprendido por en lo que su hijo/a entiendas. Hablandole a un niño es como cuando usted esta buscando una palabra en el diccionario y nadamas leyendo lo que significa hasta que tenga sentidos a usted ¿VERDAD? Ponganse al level de su hijo/a cuando le esta explicando algo que usted quiere debera que lo entienda y usted mismo fuera sorprendido en usted mismo en cuanto su hijo/a debera le entendio. Claro se lleva mucho tiempo pero aunque sea usted sabe que todo el Segundo cuenta y todo el minuto fue valuoso por su hijo/a quien usted ama mucho y usted quiere que su hijo/a siempre sepa lo mucho y usted quiere que su hijo/a siempre sepa lo mas que pueda saber mientras es bueno y es parte de vivir una gran vida todos los dias. Todo lo que se toma es "PACIENCIA, tiempo y mucho amor" para empezar con y nunca se acabara, en verde el amor crece mas grande y mas grande todo los dia. Usted nunca reconocera esto sin que usted se sienta para pensarlo y saber la gran diferencia entre la vida de su hijo/a desde que su hijo/a eh nacido y cuanto su hijo/a eh logrado hoy, cuando eso ocurres usted necesita acordarse que si no era para usted, su hijo/a no hubiera llegado tan lejano asi en la vida. Por escuchandole a su hijo/a de la misma manera que usted quisiera ser escuchado cuando usted le habla a alguien, usted reconosera cuanto es mas facil para explicar algo en una manera bien simple a su hijo/a enverde hablele como un beb para cada ves que usted necesite explicarle algo, no importa que es. Explicarle algo, no importando lo que es. Usted expliquelo directo a como es y nunca se de por vencia hasta que usted mismo sepa que su hijo/a entendip todo de la manera que quiso que le entendiera. La mejor manera cual es para saber que su hijo/a le entendio a usted en todo que usted explico so preguntarle a su hijo/a si entendio todo de lo que le dijo y si, entonces vez que su hijo/a pudiera repetirle debuelta a usted de lo que le acaba de decirle entonces usted no tubiera nada de que preocuparse porque usted sabe de su hijo/a ya le entendio a usted y si no trate de explicarselo a su hijo/a mas despacio y con palabras mas facil en su horaciones cual fueran mas facil para que su hijo/a entienda. Ya que tenga a su hijo/a que le repita lo que usted le acaba de decir a el/ella asi aprenderas a escucharlo con mas calma a usted en el futuro van a tener que repertirselo a usted, es una especial de como un examen diario, todo los dias le mantiene su mente abierta y afilada para la siguiente explicacion o conversacion cual esta usted para decirle. Usted no necesitara tener a suhijo/a repetirle todo por el resto de su vida. Unicamente hasta que usted reconozca usted mismo que su hijo/a esta ahora poniendole mas atencion y escuchandole de lo que esta hablandole y haciendo como le dice y entonce usted puede dejar de preguntarle a su hijo/a que se lo respita a usted. Ya se vuelve un habito luego, usted ya entonces se puede parar de preguntarle a su hijo/a que se lo repita porque usted ya sabe que su hijo/a esta debera escuchandolo y haciendo lo que estas supuesto. Es como cuando algo se le esta explicando a usted y usted ya entonce lo entiende, y asi no tiene que ser explicado de nuevo y de nuevo a usted, ¿no lo hace sentir grande cuando usted lo agarro en la primera vez? Usted vas a reconocer que su hijo/a hasta fuera mas feliz de una vez que lo entienda en la primera vez porque de esa manera les diera tiempo para amar mas a su hijo/a y mas cada Segundo del dia. Lo mas que usted pueda debera enseñarle a su hijo/a que usted debera lo amas, eso es un poco como dandole energia a su hijo para una mejor vida todo los dias. Su hijo/a siempre lo mirara como su prioridad de arriba quien sabe que un poquito mas de la vida que ellos hasta que ellos mismos reconozcan que puede alcanzar hasta su level y hasta pasarle por hablarle la direccion correcta hacia la vida, comos padres necesitamos darle valor a nuestro hijo/a y fuerza, valiente, orgullo, conocimiento y la mejor vida cual podemos para poder enseñarles lo que es considerado y una gran vida puedes ser considerado una gran vida y haci ellos mismo puede vivirla y ser feliz tambien. Siempre acuerdese, nada es duro para enseñarle a su hijo/a a quien amas, preguntese usted mismo como aprendio y si valio aprenderlo,¡Si! Bueno, entonces yo creo que ya es tiempo para compartir lo que sabe con alguien que amas tanto en su vida, asi ellos pueden aprender como hacer su felecidad en ellos en su vida y que tenga exito en cualquier cosa que haga.

CAPITULO 29

PRESTANDOLE DINERO
A SU HIJO/A

Como padres usted deviera prestarle dinero exactamente de la manera como bancos se lo prestan a sus clientes. "PERO" ante de prestarle dinero a su hijo/a, usted vas a necesitar explicarle con detayes claro de informacion a su hijo/a de como cojer dinero prestado de usted. Exactamente cuando usted como adulto cojen prestado a su banco. Usted vas a necesitar hacer un gran claro acuerdo con su hijo/a entre los dos de ustedes de cuanto su hijo/a esta cojiendo prestando, con castigos que pasara a su hijo/a si no le paga el prestamo a tiempo en tal dias de la semana. Con tal fecha hasta que haga su ultimo pago. Si no vas a necesitar explicar, como, ejemplo el castigo del niño/a para cada vez que no hagan los pagos. Castigos son: no tiene permiso que los visiten amistades, el no puede visitar sus amigos, no se le permite que juegue juegos electronicos, no tele, usted mismo le hace una lista de trabajos en la casa y usted mismo le puede poner otros castigos tambien y si no, pues todo esto necesitara ser hecho hasta que complete sus pagos del prestamo. O y que no se le olvide de explicarle la mejor parte, el tal porciento tambien cual le vas a tocar a usted por su hijo/a cojer le prestado su dinero. Castigos son solo cuando usted castiga a su hijo/a por hacer algo malo y su hijo/a has sobrevivido los castigos. yo creo que su hijo/a sobrevivira estos castigos si algunas de las reglas son rompidas. Yo no le veo nada mas con eso. Si como padres ustedes no les enseñan a su hijo/a aprender el valor de dinero de la manera exacta entonces ¿quien le enseñera? Por su hijo/a pagarle a usted a tiempo siempre, le entrana a su hijo/a estara tiempo en todo en la vida. Acuerdele a su hijo/a que nadas ahi es debera "GRATIS" su hijo/a necesita ser acordado que cualquier cosa que su hijo/a: su hijo/a tendra que trabajar para eso, porque como padres usted no deberia darle todo por lo que piden. Si usted quiere lo mejor de su conocimiento en dinero y si usted quiere lo mejor para su hijo/a, enseñele a su hijo/a lo mejor de su conocimiento en dinero y si usted no siente que sabe bastante entonce lea y aprenda de eso nadamas antes que su hijo/a llegue a la edad de cojer prestado esas sera su elección.

CAPITULO 30
ENSEÑANDO COMO COCINAR

Paso numero uno para enseñarlo como cocinara su hijo/a es decirle las reglas de cocina que usted quiere que sean perseguidas. No juegues con el fuego, no toques nada en la estufa sin almohadilla, la cocina no es un teatro, escuche cuidadosamente, preguntas cuestiones ect . . . mas sus propias reglas que usted sientes que su hijo/a necesitara para recordarse. Su hijo/a necesita saber como usar medidas, si es que es por cucharadas, tazas o cualquier otras maneras. Su hijo/a necesitas saber como controlar lo que su hijo/a encendes. Su hijo/a necesita saber como usar un reloj tiempo, lea las instrucciones en la comida de cual su hijo/a esta para cocinar. vez que su hijo/a travaje en la cocina solo una vez que sepa que su hijo/a puedes. enseñele a su hijo/a que hacer en casa de un fuego, enseñele a su hijo/a donde esta el botiquín de primeros auxilios. Explique en la manera mas clara que puedas a su hijo/a y asegurese que su hijo/a lo entiendes a usted, mire que su hijo. a preguntas evestiones de cualquier cosa de la cocina y de cocinar. Trabaje con su hijo/a mientras explicandole, cocinen juntos. Fuera mas divertido para su hijo/a si usted travajariera mas con su hijo/a pronunciaciones de cocinado. Ultima reglas de cocinando seria lavar todos lo que ensucia y tambien que limpie su aria cual uso. Acuerdele a su hijo/a que cuando entra a una cocina limpia, que su hijo/a mismo hasta la dejara mas mejor de lo que la encontro. Si no su hijo/a no sera permitido a trabajar otra vez en la cocina. Las

COMO CRIAR A UN NIÑO

comidas mas temprano cual se debes enseñarcele a su hijo/a cuando esta empesando fuera, comida de latas, ensalada y algunas comidas de cajas tambien. No se exagere usted mismo si su hijo/a se quema, nadamas cuidele la quemacion y ya adelantarse.

71